역 사 가
당 신 을
강 하 게
만 든 다

전략형 인재를 위한
역 사 다 시 읽 기

전략형 인재를 위한 역사 다시 읽기

역사가
당신을 강하게
만든다

최중경 지음

차 례

머리말

/

착한 역사의 함정

"역사는 반복된다(History Repeats Itself)." 이 문장은 널리 알려진 서양 격언이다. 이 문장을 보면서 좋은 영어문장을 하나 외우는 정도의 지적 관심을 할애하는 선에서 그칠 수도 있다. 하지만 여기서 더 나아가 역사적 사건이 전개되는 과정에서 반복되는 법칙과 유형을 발견해 현재와 미래의 중대한 사안을 다루는 데 필요한 전략적 사고능력을 함양하고 유용한 참고사항을 얻어야 한다는 생각까지 전진해야 한다.

역사교육은 역사적 사건 사이의 인과관계를 파악하고 이로부터 교훈을 도출하는 과정을 통해 전략적 사고능력을 키우는 데 초점을 맞추어야 한다. 이것은 민족 정체성을 확립하고 애국심을 함양하는 것 못지않게 중요하다. 역사를 교양으로 이해하면 역사적 사건은 그저 흥미 있는 얘깃거리에 머무르게 되고 필수가 아닌 선택이 된다. 따라서 역사를 대하는 태도 역시 무게가 떨어지게 된다.

학창시절의 역사교육을 되돌아보면 사실을 나열하고 암기하는 데 치우쳤다. 이것은 선생님들의 자질이 부족해서가 아니라 입시 위주의 왜곡된 교육제도 때문이었다. 제대로 된 역사수업을 받지 못한 상태에서 정치인, 관료, 언론인, 교육자가 되다 보니 우리 지도층 인사들에게는 역사적 교훈에 바탕을 둔 전략적 사고능력이 많이 부족해 보인다.

역사의 중대한 고비에 선조들이 내린 결정을 면밀히 분석하고 더 나은 대안이 있었는지 검토하고 토론하는 과정이 없었던 우리의 역사교실을 더 늦기 전에 되돌아보아야 한다. 백제가 나당연합군의 협공을 받을 때 백제와 군사동맹을 맺고 있던 고구려가 침묵했던 것도 큰 미스터리이다. 백제가 멸망하자 고구려는 남북에서 나당연합군의 협공을 받아 멸망했다. 그렇다면 고구려는 왜 백제를 구원해서 미래의 위기를 미연에 방지하지 않았을까? 이런 질문에 대한 답을 역사교실에서 토론을 통해 얻어야 한다.

실패한 역사를 선악의 논리로 호도하려 하지 말고 강약의 논리로 비평하는 역사교실이 있을 때 진정한 역사 발전을 이룰 수 있다. 조선은 출발점에서는 일본보다 우위에 있었지만 결국 일본의 식민지가 되었다. 이 기막힌 반전을 조선의 오류를 찾아 설명하려는 노력 없이 선악의 논리로 덮어버리면 일본을 이기는 날은 결코 오지 않는다. '간악한 일본이 선량한 조선을 유린했다'라는 식의 역사의식은 대한민국을 영원히 선량

역사가 당신을 강하게 만든다

하게 만들 뿐이다.

21세기 들어 일본의 아베 신조 정권은 미국과 합의해 재무장을 공식화하고 일본군의 역할을 재정립했는데, 이 과정에서 집단적 자위권을 행사할 수 있게 되었다. 한반도 유사시 일본군이 집단적 자위권을 행사해 한반도에 상륙할 수 있다는 것이다. 일본 군국주의 망령의 부활이 우려되는 가운데 우리 정부가 내놓은 반응은 일본군이 한반도에 상륙하려면 한국정부의 사전 동의가 필요하다는 것이었다.

1904년 2월 러일전쟁 개전 초기에 일본제국의 육군 제1군 5만여 명이 제물포에 상륙했을 때 사전에 조선의 동의를 얻었다는 기록은 없다. 5만여 명의 대군이 경성에 진출해 황궁을 점령한 후 일본은 일본군의 주둔을 위해 토지수용권을 인정하는 한일의정서(韓日議定書)에 서명하도록 고종 황제와 대신들을 겁박했다. 한일의정서에는 일본군의 주둔이 대한제국의 독립과 황실의 안녕을 위한 것이라고 되어 있다.

역사는 힘의 논리가 지배한다. 우리 정부는 일본이 재무장을 추진하려는 논의 과정에 참여해 일본군의 전력이 강화되는 동북아 안보환경에서 한국군의 위상을 정립하려는 노력은 하지 않았다. 그저 위안부 문제에 집착해 일본과 반목하며 재무장 논의를 미국과 일본이 알아서 하도록 방기했다. 더욱 어이가 없는 것은 미국과 일본 간의 재무장 논의가 끝나고 얼마 지나지 않아 지나칠 정도로 날을 세우던 정부가 갑자기 180도 방향을 선회해 제대로 된 사과도 받지 않고 위안부 문제를 서둘러 종결한 것이다. 전략적 사고를 가진 인재들이 일하는 정부라고 하기에는 함량 미달의 행보로 보인다.

역사를 입시 위주로 가르치다 보니 출제 경향에 따라 실패한 역사, 기억하기 싫은 역사는 자연스럽게 교육대상에서 멀어지게 되었다. 하지만 실패한 역사, 기억하기 싫은 역사는 더 철저한 분석과 교육의 대상이 되어야 한다. 지도자의 자질 함양이라는 측면에서 볼 때 우리의 역사교육은 거의 재앙 수준에 가깝다고 할 수 있다. 우리는 기억하기 싫은 역사를 창피하게 여기며 멀리 하거나, 가해자를 부도덕하고 야만적인 무뢰한 정도로 낮추고 선악의 논리로 힘의 논리를 부정하면서 책임 소재를 분명하게 밝히지 않는 데 익숙해 있다.

이러한 교육방식은 국가와 민족의 장래에 결코 도움이 될 수 없으며, 정치인이나 고위공직자들이 이성과 논리가 아닌 감성과 명분에 입각해 중요한 의사결정을 하게 만듦으로써 대실패의 역사를 반복할 가능성이 크다.

20세기 초 조선의 식민지 전락과 일본의 강대국 부상은 천하의 중심이 어디인지에 대한 양국 지배층의 인식 차이에서 비롯되었다. 일본은 재빨리 서양세력의 맹주인 영국과 동맹을 맺었지만 조선은 영국의 적국인 러시아와 가깝게 지냈다. 서양세력은 일본에게 러시아의 남진을 막는 역할을 부여하고 군사력 증강을 도왔는데, 이로써 일본은 군사대국으로 성장할 수 있었다. 일본이 러일전쟁에서 승리해 러시아를 견제하

역사가 당신을 강하게 만든다

는 역할을 충실하게 수행하자 서양세력은 일본의 한반도 지배를 용인해 주었다.

사실 조선 조정에게도 세상의 중심을 파악할 수 있는 기회가 주어졌었다. 1885년 영국군이 러시아의 남진을 막기 위해 거문도를 점령했기 때문이다. 하지만 조선 조정은 직접 사태의 전말을 파악해 대처할 방안을 마련하지 않고 청나라가 종주권을 행사해 후견인 노릇을 하도록 소극적인 자세를 견지함으로써 영국과 가까워질 수 있는 기회를 스스로 걷어찼다. 1895년 명성황후가 일본 낭인들에게 시해되는 을미사변이 일어나자 고종 황제는 러시아공관으로 피신해 1년 가까이 머물렀다. 이로 인해 조선은 친러국가로 국제사회에 인식되며 영국의 관심대상에서 더욱 멀어지게 되었다. 청나라의 요청에 의해서이긴 했지만, 흑룡강 지역에서 러시아의 남진세력과 전투(나선정벌)를 벌여 승리했던 경험이 있는 조선 조정으로서는 영국과 교감할 수 있는 밑천을 지니고 있었으나 아쉽게도 좋은 기회를 놓치고 만 것이다.

17세기 조선 지배층은 세상의 중심이 한족 명나라에서 만주족 청나라로 옮겨가는 것을 인지하지 못해 치욕과 고난을 겪었다. 하지만 19세기 조선 지배층 역시 똑같은 실수를 반복한 것을 보면 답답하기 그지없다.

그렇다면 신냉전시대의 초입에 서 있는, '결코 강대국이라 할 수 없는 대한민국'의 지도층은 과연 어느 정도의 역사인식을 갖고 있을까? 그들을 감시하고 자극해야 하는 당신은 수준급의 역사인식을 갖고 있는가?

이 책에서는 우리가 알고 있는 역사적 사실을 전략적 관점에서 재해석하려는 시도를 하고 있다. 그러다 보니 역사에 등장하는 인물에 대해 새롭게 평가하게 되어 긍정적 평가가 부정적 평가로 바뀌기도 하고 그 반대로 되기도 한다.

글을 읽다 보면 필자가 일방적인 자기주장을 한다는 느낌을 가질 수도 있다. 하지만 필자의 관점이 옳다는 주장을 하려는 것이 아니라 필자의 관점이 '옳은 것을 찾기 위한 생각의 루트'를 여는 단초가 될 수 있기를 희망하면서 감히 펜을 들었다는 점을 양해해 주길 바란다.

이 책의 성격을 굳이 설명하자면, 역사교육의 내용과 방식을 혁신해 역사를 통해 전략적 사고방식을 배우는 한편, 현재와 미래의 상황 전개에 보다 잘 대응할 수 있는 전략형 인재들이 대한민국을 이끌도록 하기 위한 논의의 물꼬를 트고자 시도한 책이다.

이 책에서는 한국사 중에서도 조선에 대한 이야기를 많이 다루었다. 세계가 농업 중심의 중세사회에서 산업혁명을 거쳐 근대사회로 전환하는 중차대한 시기에 조선이 존재했기 때문이다. 필자는 조선이 산업혁명의 물결을 타지 못해 변방으로 밀려난 것이 현세를 사는 우리에게 매우 큰 부담을 주었다고 생각한다. 따라서 조선의 시스템을 비판적으로 보는 데 많은 지면을 할애했다.

같은 이야기가 여러 군데에서 중복되기도 하는데 처음부터 통독하지 않고 관심 있는 주제부터 선별해서 읽는 독자들의 이해를 돕기 위한 범

역사가 당신을 강하게 만든다

위 내에서 중복을 최소화하려고 노력했다.

필자가 역사지식을 생산하는 입장이 아니라 소비하는 입장에 있다 보니 논리비약이나 사실관계의 오류가 있을 수도 있다. 잘못된 부분이 있으면 수정과 질책을 바라며, 이 책에 서술된 내용으로 인해 마음 상한 분이 있다면 보다 나은 대한민국을 위한 깊은 충정을 감안해 넓은 아량으로 이해해 줄 것을 머리 숙여 부탁드린다.

역사가 당신을 전략적으로 만들고 당신을 강하게 만든다. 강한 당신이 성공을 부르고 강한 대한민국을 만든다.

제 **1** 장

우리 역사의 두 가지 가정
전략적 사고가 필요했던 순간

역사에서 의미 있는 교훈을 얻어 미래의 역사 전개에 대비하려면 전략적 사고능력을 지닌 인재들을 육성해야 한다. 역사학에서 가정은 의미가 없는 것으로 치부되고 학문적 가치가 인정되지 않지만, 역사적 사건을 뒤집는 가정을 통해 실제 역사가 전개된 방향과 다른 방향으로 역사경로를 추론해 보는 것은 전략적 사고능력을 배양하는 좋은 두뇌훈련이다.

실제로 중대한 역사적 기로에서 지도층이 어떤 의사결정을 내리는지는 역사의 진로는 물론 국가와 민족의 운명까지도 결정한다. 만약 중대한 역사적 사건이 발생했던 당시의 지도층이 실제 역사와 다른 의사결정을 내렸다면 국가와 민족의 운명이 어떻게 바뀌었을지 진지하게 고민하고 토론하는 과정을 거치다 보면 지도층의 책임을 이해하게 되고 지도층의 자격이 무엇인지 알게 된다. 지도층은 국민 위에 군림하고 특권을 누리는 위치가 아니라 끊임없이 고뇌하고 노력해야 하는 고달픈 자리이다. 국민 대다수가 지도자 자리의 무게를 인식할 때 전략적 사고능력을 갖춘 진정한 지도자가 양성될 것이고 국민들도 진정한 지도자를 알아보게 될 것이다.

전략적 사고능력을 함양하기 위한 역사교육 사례로 17세기 명·청 교체기와 14세기 원·명 교체기를 선택했다. 이 장에서는 두 결정적 시기에 지도층이 내린 의사결정을 검토하고 그들이 다른 의사결정을 내렸더라면 역사가 어떻게 바뀌고 민족의 진로가 어떻게 바뀌었을지 생각해 본다.

이 두 가지 역사적 가정은 서로 대비되는 역사적 사건이라 흥미를 끌 수 있는 과제이다. 17세기 명·청 교체기는 조선이 이길 수 없는 상대에게 대들어 불필요한 희생을 치른 역사이고, 14세기 원·명 교체기는 조선이 해볼 만한 상대에게 알아서 숙이고 들어가 약소민족이 되기를 자청한 역사이다. 이처럼 대비되는 사건을 분석함으로써 전략적 사고의 개념을 이해한다면 전략적 사고능력을 배양하는 것이 왜 국가와 민족의 번영과 영속을 위해 필요한지 알 수 있을 것이다.

1

17세기 명·청 교체기에 조선이 만주족 편에 섰더라면?

16세기부터 서서히 힘을 기른 누르하치의 건주여진은 여진족을 통일해 1616년에 후금국을 건국한 후 1618년에 '일곱 가지 큰 원한(七大恨)'이라는 선언문을 발표하며 명나라에 반기를 들었다. 아무런 죄도 없는 누르하치의 아버지와 할아버지를 명나라가 살해한 원한(이들은 누르하치의 누이를 구하기 위해 다른 부족의 전쟁터에 뛰어들었다가 명군에 의해 살해되었다), 자신과 혼인하기로 한 여인을 명나라가 빼돌린 원한, 명나라가 여진의 땅을 제 마음대로 빼앗아간 원한, 여진부족 간의 분쟁에 부당하게 개입해 피해를 준 원한 등을 제시해 여진족의 민족감정을 자극하면서 결집을 시도했다.

누르하치의 아들인 홍타이지는 몽골 부족을 평정하는 과정에서 원나라 황실이 보유하고 있던 천하권력의 상징 전국옥새를 손에 넣은 후 천하의 기운이 자신에게 쏠린다고 인식해 1636년에 국호를 후금에서 청으로 바꾸고 황제의 자리에 올랐다.

홍타이지는 명나라를 정복하기 위한 입관전투에 앞서 후방의 조선을 평정할 필요를 느꼈다. 반정으로 광해군을 축출하고 왕이 된 인조가 이끄는 조선 조정이 친명정책을 내세우며 청에 대해 노골적인 적대감을 드러내고 있었기 때문이다. 후방의 조선이 군사행동을 할 경우 청은 명나라와 조선의 양방향에서 포위 압박을 받는 불리한 상황에 몰릴 수 있어 위험을 방치하기도 어려웠다.

조선은 광해군 시절까지만 해도 명과 청 사이에서 가급적 등거리를 유지하며 중원의 패권이 어디로 기우는지 조심스럽게 관망했다. 1619년 명나라의 요청으로 조선군 1만 명 이상이 출병했던 사르후전투에서 명군의 패색이 짙어지자 도원수 강홍립은 광해군이 사전에 지시한 대로 후금에 투항했다(강홍립과 함께 출전한 부장 김응하는 강홍립의 투항 지시를 거부하고 끝까지 싸우다가 많은 부하 장졸과 함께 전사했다).

1623년 광해군을 몰아낸 인조가 반정의 명분으로 내세운 광해군의 패륜행위 중 하나가 아버지의 나라 명나라를 배신했다는 것이었다. 따라서 반정의 명분을 유지하기 위해서 인조는 친명정책을 더욱 분명하게 채택했고, 후금은 이를 문제 삼아 1627년 3만 명의 병력을 동원해서 조선을 침략하고 평양성을 점령했다. 당황한 조선 조정은 후금과 형제의 맹약을 맺었고, 후금군은 조선에서 철수했다. 하지만 조선 조정이 반정

　　　　　　　　　　　　　　　　역사가 당신을 강하게 만든다

의 명분인 친명정책을 쉽게 포기하기는 어려웠다. 후금을 자극하는 사건들이 계속해서 발생하자 전쟁 가능성이 고조되었다.

1633년 명나라는 명나라 수군을 이끌고 후금에 투항한 모문룡(毛文龍)의 부하장수 공유덕(孔有德)과 경중명(耿仲明)을 같이 추격할 것을 조선에 요청했고, 명나라의 요청을 받고 출병한 조선군이 명군과 함께 이들을 추격하는 과정에서 후금군을 공격하는 사건이 발생했다. 후금 조정에서는 이 충돌 사건이 조선의 본심을 나타낸 것이라 간주하고 조선을 크게 경계하기 시작했다. 인조가 이끄는 조선 조정은 꼭 나서지 않아도 될 일에 군사를 보내는 실책을 범해 일을 그르쳤다고 볼 수 있다. 출병 요청을 한 명군 장수에게 군량미나 군자금을 보내는 것으로 대체해도 되는 상황이었는데 생각이 부족했던 것이다.

또한 1636년 청 태종 홍타이지의 황제 즉위식에 참석한 조선 사신들은 한사코 홍타이지에게 절하길 거부해 청나라 조정의 신경을 곤두서게 했으며, 그 결과 청나라는 명나라 정벌을 위한 입관전투에 앞서 반드시 조선을 정벌해야 한다고 결의하기에 이르렀다.

생각해보면 어이없는 일이다. 병법의 기본은 적을 속이는 기만인데 불필요한 전쟁을 피하기 위해 거짓으로 머리를 숙이고 적을 안심시키는 것이 명나라에 대한 의리를 지키는 것과 무슨 상관이 있는가? 남의 나라에 축하사절로 가서 분위기 망치는 일을 결행한 조선 사신들의 사고방식은 연구대상이 아닐 수 없다.

1636년 겨울 압록강이 얼자 청 태종 홍타이지가 직접 이끄는 청군이 조선으로 진격했고 아무런 대비도 없이 허둥대다 남한산성에 갇힌 인조와 조정대신들은 굴욕적인 항복을 해야 했다. 병자호란은 청군의 일방적인 승리로 끝났고 조선은 형제국에서 신하국으로 전락했다. 수십만의 조선 백성이 포로가 되어 만주로 끌려갔고 소현세자와 세자빈 강씨, 그리고 봉림대군이 볼모로 심양으로 압송되는 비극을 맞이했다.

병자호란은 충분히 피할 수 있는 비극이었는데 왜 피하지 못했을까? 누르하치는 임진왜란이 발발하자 조선 조정에 원군을 파병하겠다고 제의할 정도로 조선에 호감을 갖고 있었다. 그도 그럴 것이 여진족은 말갈족의 후예이고, 말갈족은 고구려의 지배를 받았으며, 고구려 유민과 말갈족이 연합해서 세운 나라가 발해였기 때문이다. 말갈족은 10세기에 발해가 멸망한 후 12세기에 이르러 금나라를 세우고 송나라를 압박하며 양자강 이북의 중국을 지배한 바 있다. 그러다가 원나라의 침략으로 다시 만주지역으로 후퇴했다.

누르하치의 성은 애신각라(愛新覺羅), 즉 '신라를 사랑하고 생각한다'는 뜻으로 경주 김씨의 후손이라는 해석이 있다. 홍타이지가 황제가 된후 풍수지리에 정통한 지관들을 조선 경주로 보내 신라 왕릉의 위치를 보고 청나라가 얼마나 지속될지 알아오라고 지시했다는 설도 있으나 확인할 길은 없다. 어쨌든 역사적으로 친근하게 지냈던 여진과 조선은 실제로 함경도 지역에서는 서로 통혼을 할 정도로 가까운 사이였다.

　　　　　　　　　　　　　　역사가 당신을 강하게 만든다

만약 조선 조정이 중원의 향배를 정확하게 예견해 청나라와 손을 잡고 명나라 정벌에 나섰다면 어떤 결과가 초래되었을까? 우리는 여기서 청나라가 입관해 북경을 점령한 후 대부분의 여진족은 만주를 떠나 중원 각지에 흩어져 살며 귀족 노릇을 했고, 그 결과 한족에 동화되어 결국 민족 정체성을 잃고 만주어도 사라졌다는 사실에 주목할 필요가 있다. 역사에 가정은 없다지만, 조선이 청나라의 중원 진출을 도왔다면 그 대가로 고구려의 옛 강토를 달라고 요구할 수도 있지 않았을까? 영유권은 이전하지 않는다 해도 고구려의 옛 강토에 조선 백성을 이주시키고 생산물의 일부를 은으로 바꾸어 청나라 황실에 세금으로 직접 바치겠다고 했으면 긍정적인 반응을 얻지 않았을까? 만일 그렇게 되었다면 청나라가 멸망한 20세기 초에 만주가 조선의 강역으로 자연스럽게 편입되지 않았을까?

조선은 왜 이러한 기회에 눈독을 들이지 않고 친명정책에 집착했을까? 더 가까운 이웃이고 역사적으로나 정서적으로 더 친근감이 가는 여진과 같이 길을 가는 것을 거부하고, 고조선이 멸망하는 과정에서, 또 고구려와 백제가 멸망하는 과정에서 우리 민족에게 씻을 수 없는 치욕과 고통을 안겨준 한족에게 몸을 의탁하려 한 이유가 무엇일까?

첫째, 강자와 공존하는 수단으로 사대주의 외교정책을 채택한 것은 실리를 추구하기 위해서인데, 예의와 명분에 집착하다 보니 어느 순간부터 명나라를 어버이처럼 숭앙하고 따르는 정신적인 종속 단계에까지 이르렀기 때문이다.

둘째, 여진족을 오랑캐라 해서 멸시했기 때문에 그들을 상전으로 모시는 데 대한 거부감이 컸을 것이다. 그러나 차분하게 따져보면 여진족을 멸시할 근거가 미약했다. 여진족은 크게 건주여진, 해서여진, 야인여진으로 분류되는데, 동북쪽의 장졸들이 상대했던 여진족은 야인여진이다. 야인여진은 상대적으로 개화가 덜된 반농반목 상태의 부족이었으나, 이에 비해 누르하치의 건주여진은 문화적으로 상당히 세련된 집단이었다. 여진족은 12세기에 금나라를 세우고 북중국을 지배하며 송나라를 신하로 거느린 적도 있는 민족이었다.

셋째, 정보 수집과 분석을 소홀히 했다. 명·청 교체기에 신경을 곤두세우고 첩자를 통해 중원의 동향을 파악함으로써 누가 최후의 승자가 될지 면밀하게 주시했어야 하는데 그렇게 하지 못했다. 성리학이라는 형이상학적 학문을 숭상하던 조선 사대부들에게 실체적인 접근방법을 기대하기는 어려웠다.

넷째, 중국 왕조 역사에 대한 이해가 부족했다. 중국은 새외민족, 즉 오랑캐가 중원을 지배하게 되어 새로운 왕조가 들어선 경우가 종종 있었다. 몽골족의 원나라, 여진족의 금나라를 들 수 있다. 이미 금나라를 세운 경력이 있는 여진족이 다시 중원으로 진출하는 것은 전혀 부자연스러운 일이 아님에도 조선은 유독 반감을 가졌다. 예친왕(睿親王) 도르곤(多爾袞)이 이끄는 청군은 북경을 점령하고 난 후 한족 관료 가운데 충

역사가 당신을 강하게 만든다

성을 맹세한 자들에게는 그대로 자리를 지키게 했다. 이처럼 한족도 타협을 했는데 조선이 결사적으로 청국에 반발한 것은 진실로 어리석은 처사였다.

천하의 요새 산해관(山海關)을 지키던 명나라 장군 오삼계(吳三桂)는 이자성(李自成)이 이끄는 반란군이 북경을 점령하고 자신의 애첩과 아버지를 납치해 갔다는 소식을 접하고는 청군에게 산해관을 활짝 열어주었다. 오삼계의 배신으로 만주족 청나라가 북경으로 진격하는 길이 확실하게 보장되었던 것이다. 한족들도 제 살 길을 찾기에 바쁜데 멀리 조선에서 명나라 황제에게 절개를 지킨다는 것은 한마디로 난센스였다.

외교의 가장 큰 목적은 실리를 추구하는 것으로, 국제관계에서는 영원한 친구도 영원한 적도 없다. 영국과 프랑스는 14세기와 15세기에 걸쳐 왕위계승권과 영토를 두고 100년이 넘는 긴 세월 동안 전쟁을 벌였으며, 19세기 초에도 나폴레옹 전쟁을 통해 극명하게 대립했다. 그러나 20세기에 들어서 제1, 2차 세계대전 기간에는 둘도 없는 맹방이 되었다.

임진왜란 때 거의 망할 뻔한 조선을 명나라 원군이 다시 일으켜 세웠다고 해서 재조지은(再造之恩) 운운하곤 한다. 하지만 조선이 1392년 개국 이래 200년에 걸쳐 명나라를 섬긴 정성을 감안하면 명나라의 원군 파견은 당연한 일이었다. 또한 세계 최강인 일본 육군을 조선에서 막지 못할 경우 일본 육군이 만주를 거쳐 북경으로 진격할 것이 뻔하니 명나라의 입장에서는 조선에서 일본 육군을 격파해야 할 군사적 이득과 목표가 분명했다. 이러한 사실을 감안하면 재조지은 운운하며 호들갑을 떨 이유가 없다. 어떤 관점에서 보더라도 조선 조정은 청나라와 함께했어야 했는데 명나라와 함께함으로써 명분과 실리를 모두 잃고 국력만 소모하는 실책을 범했다.

21세기의 한국도 미국과 중국 사이에서 선택을 강요받고 있는 것처럼 보인다. 그러나 자세히 들여다보면 선택의 여지가 없다. 한반도는 아직 전쟁 상태이고 한미상호방위조약과 조중동맹조약이 충돌하고 있는 상황이기 때문이다. 그리고 세계 경제질서를 주도하는 기축통화국은 미국이다. 주기적으로 반복되는 외환위기를 슬기롭게 넘기려면 기축통화국인 미국과의 금융협력이 필수적이다. 한국은 2008년 서브프라임 금융위기로 인한 외환 부족 사태를 미국과의 통화스왑으로 해결한 바 있다.

미국이 세계적인 산업대국이 된 것은 19세기 중반이지만 세계질서를 주도하기 시작한 것은 거의 100년이 지난 20세기 중반이었다. 국제사회의 리더십은 경제력과 군사력만으로 얻어지는 것이 아니다. 신뢰가 뒷받침되어야만 한다.

역사가 당신을 강하게 만든다

<u>2</u>

14세기 원·명 교체기에 고려가 요동을 차지했더라면?

14세기 중엽 홍건적 일파의 두목인 주원장이 홍건적 내부의 경쟁자들을 물리치고 남경에서 명나라를 건국한 후 북경을 점령했을 당시, 주원장의 군사적 입지는 그다지 튼튼하지 않았다. 원나라가 몽고지방으로 물러나긴 했지만 아직 만만치 않은 무력을 지니고 있었고 중앙아시아에 있는 킵차크 칸국, 차가타이 칸국과 같은 몽고계통의 칸국들도 아직 건재했다. 그렇기 때문에 주원장이 명을 건국하고 황제가 되어 중원을 차지했다고 하지만 만주와 조선까지 신경 쓸 여력은 없는 상황이었다.•

명나라 홍무제(洪武帝)로 황제에 오른 주원장은 1388년 북원의 수도

• 명나라가 몽고 오이라트족과 치른 전쟁에서 1449년 영종 정통제가 포로가 되고 북경까지 함락
될 위기에 빠졌던 사실에 비추어보면 주원장이 한족이 거주하지 않는 땅을 위해 몽고와 고려를 동
시에 상대하는 위험부담을 안을 이유가 없었다.

를 공격해 승리를 거두고 나서 강계에 철령위를 설치했다. 그런데 당시 강계에 주둔시킨 병력이 불과 1000여 명이었고 철령 이북의 땅을 명나라에게 넘기라고 요구하는 통고문을 들고 온 병력이 불과 수십 명이었다는 사실에 비추어 보면 그에게는 마땅한 군사적 여력이 없었다는 것을 알 수 있다. 철령 이북의 땅을 실효적으로 지배하겠다는 의사를 표시하려면 아무리 적어도 최소한 1개 사단 1만 명 이상의 병력은 보냈어야 했다.

당시 고려의 실권자였던 최영 장군이 요동을 정벌해 고구려의 강토를 회복하려고 시도한 것은 적절한 판단이었다. 당시까지의 역사적 상황을 보더라도 한족이 요동을 실효적으로 직접 지배한 시기는 고구려 멸망 직후 수십 년에 불과했다. 요동의 지형이나 거주 민족의 구성으로 볼 때 한족이 직접 통치하기는 어려운 상황이었다.

원나라 시절에도 요동지역을 다스리는 심양왕(나중에는 심왕)에 고려의 왕족이 임명되었고 1345년에서 1351년까지 6년간은 고려왕이 겸직해서 이 지역을 통치했던 사실에 비추어 보아도 고구려를 승계한 고려가 요동에 대한 권리를 주장할 명분은 충분했다. 원·명 교체기의 요동에는 나하추가 이끄는 원나라 잔존세력이 있었고 여진족 세력도 있었지만, 모두 명나라보다는 고려에 더 우호적이어서 군사작전과 함께 외교적 역량을 발휘했더라면 큰 어려움 없이 요동지역을 취할 수 있었을 것이다. 설사 요동정벌이 실패하더라도 명과 군신관계를 맺고 제후국이

역사가 당신을 강하게 만든다

되어 조공을 바치면 되었다.

그러나 이성계의 조선은 알아서 굽히고 들어가 굴욕적인 군신관계를 맺었고 공민왕 이후 중단되었던 공녀까지 바치는 제후국 신세를 자청했다. 그 결과 몽고군에 항복한 후 원나라 부마국이 되었던 고려 시대보다 훨씬 낮은 대우를 받게 되었다.

요동정벌에 나섰던 이성계가 위화도에서 회군해 고려 조정을 장악한 것은 민족 전체의 관점에서 보면 긍정적인 의미를 부여하기 어렵다. 이성계는 회군의 명분으로 다음과 같은 4불가론을 내세웠다. 첫째, 작은 나라로서 큰 나라를 거역할 수 없다, 둘째, 여름에 군사를 동원할 수 없다, 셋째, 온 나라 군사를 동원하여 멀리 정벌하면 왜적이 그 허술한 틈을 탈 것이다, 넷째, 지금은 한창 장마철이므로 활은 아교가 풀어질 것이고, 많은 군사들이 역병을 앓을 것이다.

하지만 이 4불가론은 변명으로 일관하고 있다. 요동정벌의 군사적 성공 가능성이나 실패할 경우의 국가적 손실에 대한 언급은 없고 일방적인 주장만 있을 뿐이다. 일례로, 넷째의 사유를 보면 장마철이라서 활줄이 풀리기 때문에 활을 쏘지 못한다고 했는데, 고려 군대가 활을 쏘지 못하면 명나라 군대도 활을 쏘지 못하니 상대적으로 불리한 것이 아닌데 회군한다는 게 말이 되는가?

권력을 잡을 기회를 엿보고 있던 이성계일파는 고려를 뒤엎을 수 있는 병권이 주어지자 즉시 '다시없을 기회'를 이용해 국가와 민족의 염원을 배신하고 권력을 장악하기 위한 쿠데타를 일으킨 것이지, 정벌 실패가 두려워 위화도에서 회군한 것이 아니라고 보아야 한다.

위화도 회군의 숨은 주역이자 연출자라고 할 수 있는 정도전도 조선 왕조가 성립한 후에 명나라와 갈등을 빚자 요동정벌의 필요성을 언급했다는 점을 고려하면 위화도 회군의 정치적 배경을 알 수 있다. 명나라에게 나라 이름을 정해달라는 요청을 한 것 자체가 지나치게 비굴하게 접근한 것이었다. 게다가 공녀까지 바쳐야 했다면 국가 대 국가의 관계에서 더 이상의 굴욕이 무엇인가? 싸워보지도 않고 이런 상황을 받아들일 국가가 몇이나 있는가?

조선은 출발부터 단추를 잘못 꿴 나라였다. 당당하게 무력을 갖춘 고려가 요동을 회복했더라면 명나라와 적당한 선에서 공존할 가능성은 분명 있었을 것이다. 고려가 요동을 차지해 그곳의 물자와 인력을 확보했더라면 고려는 한 차원 높은 강국이 되어 예전에 고구려가 수나라, 당나라와 대치했던 상황을 연출할 수 있었을 것이다. 게다가 고려가 몽고세력과 연합해 명나라를 압박할 수도 있었기 때문에 명나라가 확신을 갖고 군대를 움직이기 어려웠을 것이다.

위화도 회군은 한민족이 자력으로 한반도를 벗어나 만주를 회복할 수 있는 사실상 마지막 기회를 무산시켰다고 보아야 한다. 신채호 선생은 고려시대 묘청의 난을 고구려 고토의 회복을 추구하던 세력이 몰락함으로써 대륙 진출의 꿈에서 멀어진 중대 사건으로 인식했다. 하지만 위화

역사가 당신을 강하게 만든다

도 회군이야말로 민족사에서 가장 불행한 사건 중 하나이다. 위화도 회군은 개혁세력이 주도한 새로운 왕조의 출발점이 아니라 역사의식을 망각한 권력 추구 집단이 주도한 명분 없는 군사쿠데타라고 보는 것이 옳다.

만약 요동정벌이 계획대로 결행되었다면 무방비상태나 다름없던 요동지역을 차지했을 것이며, 요동의 인적 자원을 장악한 고려는 만주로 세력을 넓혀서 군사력 측면에서 명나라가 결코 가볍게 볼 수 없는 강국으로 훌쩍 자랐을 것이다. 즉, 이성계가 제시한 4불가론 가운데 하나인 작은 나라가 큰 나라를 치기 어렵다는 논리가 바로 깨졌을 것이다.

공민왕이 결행한 제1차 요동정벌 당시 만주에 거주하는 고구려 후예 수만 명이 자발적으로 내응했고 1370년 11월 4일 드디어 요동성까지 점령했던 사실을 고려하면 진실로 아쉬운 대목이 아닐 수 없다. 오늘날 요동지역에 매장되어 있는 석유, 천연가스, 셰일, 석탄, 철광석, 마그네사이트가 중국의 중요한 천연자원임을 감안하면 실로 천추의 한으로 남는 사건이다. 그때 고려가 요동을 차지하고 만주로 뻗어 나갔더라면 오늘날 대한민국의 국제적 위상은 더욱 당당해졌을 것이고 일제 식민지의 설움도 겪지 않았을 것이다.

제 2 장

성장판이 닫혀 있던 조선

조선은 그 출발점은 매우 화려했다. 문화적으로나 기술적으로나 세계적인 선진국이었다. 그러나 500년 이상 존재한, 세계 역사상 유례를 찾기 어려운 장수 왕조임에도 불구하고 조선은 한 수 아래로 보던 이웃 일본의 식민지로 전락하며 생을 마감했다. 멀리서 온 나라의 군대에게 정복되었다면 그래도 이해해 줄 만한 소지가 있지만, 가장 가까운 이웃, 그것도 한참 아래로 여기던 일본이 맹수로 변할 때까지 조선 조정은 과연 무엇을 하고 있었던 것일까?

우리는 이 질문에 대한 답을 찾아야 한다. 일본의 호전성을 이야기하며 일본을 비난하기 전에 조선을 먼저 돌아보고 조선의 오류를 찾아내야 한다. 조선의 오류를 찾아내 그 오류가 발생한 원인을 철저히 분석해야 한다. 그래야 동일한 실책을 되풀이하지 않는다. 조선의 오류를 찾아내지 않고 일본 탓만 하면 또 다시 유사한 상황에 맞닥뜨릴 것이다.

이 장에서는 조선의 건국이념을 중심으로 조선 체제가 가지고 있던 태생적 한계를 들여다보고자 한다. 이를 통해 우리 역사의 가장 큰 반전이라 할 수 있는 '조선의 일본 식민지로의 전락'에 대해 분석함으로써 전략적 사고능력을 함양하는 방법을 모색하기로 한다.

이에 더해 조선이라는 나라와 조선의 지배층을 이해하는 데 유용한 두 가지 사례로 1885년에 청나라와 일본 사이에 체결된 톈진조약을 전후해서 조선 조정에서 보인 움직임과 함께, 민족의 영웅 이순신 장군의 진정한 위대성에 대해 설명하고자 한다. 어느 국가이든 지배층의 의사결정이 국가의 진로를 결정하지만 한 국가의 앞날은 빼어난 개인의 역량으로부터 영향을 받기도 한다. 톈진조약을 전후해서 조선 지배층이 행한 뻘짓과 이순신의 영웅적인 삶을 대조해 본다면 조선의 잠재력과 문제점이 무엇인지 보다 구체적으로 그릴 수 있을 것이다.

1

잘못 설정된 조선의 건국이념

조선의 건국이념은 크게 세 가지 줄기로 요약된다. 첫째, 외교정책으로는 사대교린주의를 내세워 중국 명나라를 종주국으로 모시면서 일본, 만주의 여진, 오키나와의 류큐왕국 같은 주변 민족들과 평화로운 관계를 유지하고자 했다. 둘째, 정치, 문화, 교육의 근본이념으로는 고려의 불교 대신 유교 사상을 내세우며 예절과 명분을 중요시하는 사회를 추구했다. 셋째, 경제체제와 관련해서는 중농주의에 입각한 정책을 추진했다. 즉, 직업의 사회적 지위를 사농공상의 순서로 배열했다. 학문에 종사하는 사대부를 최상위 귀족 반열에 올리고, 산업 측면에서는 농업에 종사하는 농민을 최우선으로 했으며, 공업에 종사하는 장인을 그 다음에 위치시키고, 상업에 종사하는 상인을 가장 낮은 순위에 두었다.

조선의 건국이념은 14세기 당시 동서양의 신분제도나 농업 중심의 산업구조, 그리고 중국 우위의 국제질서에 비추어 볼 때 언뜻 큰 문제가 없어 보인다. 하지만 이러한 건국이념은 시대가 바뀌면서 국가의 장기적인 성장을 막고 국제적으로 고립되는 결과를 초래했다.

먼저 중화사대주의에 대해서는 소국인 조선이 대국인 중국 왕조와 좋은 관계를 유지하기 위한 현실적 방안이었다는 평가도 가능하지만, 중국을 마음 속 깊이 아버지의 나라로 흠모하는 것은 국익에 기반한 냉철한 의사결정을 어렵게 한다는 점에서 결코 바람직하다고 할 수 없다. 사대주의 외교도 외교의 한 방식으로서, 강국과 약소국이 공존하기 위한 현실적 타협의 결과물이다. 따라서 사대주의 외교라 하더라도 외교의 기본 목적인 실리 추구를 벗어나면 안 된다. 그러나 강국을 아버지로 모시면 맹목적인 헌신과 희생이 실리 추구를 대신할 가능성이 커진다.

중요한 것은 강국이 영원히 강국일 수 없다는 사실이다. 강국은 시대의 흐름에 따라 바뀌는데 어제의 강국을 아버지로 모시고 무조건 따른다면 현재의 강국과의 관계가 어그러질 수밖에 없다. 정신적으로 명나라에 종속된 사대주의는 결국 17세기 만주족 굴기에 따른 중원 세력의 판도 변화에 유연하게 대처하지 못했으며, 명분론에 매몰된 채 붕괴되는 명나라에 집착하는 결과를 낳았다.

게다가 여진족은 오랑캐라는 선입견에 사로잡혀 중원의 새로운 주인이 될 청나라를 지나치게 자극했다. 후금이 1636년 청으로 국호를 바꿔 칭제건원하고 태종 홍타이지가 황제 즉위식을 거행했을 때 축하사절로

역사가 당신을 강하게 만든다

간 조선 사신 나덕헌과 이확은 청 태종 홍타이지에게 삼궤구고두례를 행하는 것을 한사코 거부해 병자호란을 초래했고, 결국 인조는 엄동설한에 삼전도 땅바닥에 꿇어앉아 청 태종에게 삼궤구고두례를 행하는 수모를 겪어야 했다.

조선 사신들이 청나라 태종 황제에게 절을 하지 않은 이유는 명나라 황제에 대한 의리를 지키기 위해서였다. 하지만 외교라는 것이 원래 나라의 실리를 추구하는 것임을 상기할 때 이는 정신적으로 종속된 사대주의에서 비롯된 조선 지배층의 집단인지장애 증상이 발현된 것이라 할 수밖에 없다. 명분과 예절을 중시하는 성리학의 관점에서 보면 조선 사신은 절개 곧은 선비이지만 백성의 생명과 재산을 보호해야 하는 위정자의 책무라는 관점에서 보면 실로 어이없는 무책임의 극치일 뿐이다.

더 어이없는 것은 조선 조정의 대신들이 이렇게 목숨을 걸고 조정의 지시를 따른 나덕헌과 이확을 극형에 처해야 한다고 인조에게 요구한 사실이다. 청 태종 홍타이지의 불온한 국서, 다시 말해 명나라 황제가 엄연히 있는데 황제를 참칭한 국서를 받아온 것이 죄목이었다.

조선 지배층의 집단인지장애 증상은 조선 사대부가 숭상한 성리학에서 비롯된 문제이기는 하나, 냉정하게 보면 성리학 자체의 문제라기보다는 성리학의 오용 또는 남용으로 보는 것이 더 정확할 것이다. 이른바 군사부일체라는 유교적 가치관은 국내에서는 통용될 수 있으나 외국의 군주를 군사부일체의 범주에 넣는 것은 지나치기 때문이다.

서양세력이 청나라를 굴복시키고 동아시아로 진출하던 19세기 후반에는 종이호랑이에 불과한 청나라에게 충성하는 사대주의 그늘에서 벗어나 서양식 근대국가로 신속히 나아가야 했지만 조선은 감히 엄두도 내지 못했다. 1866년의 병인양요, 1871년의 신미양요, 1885년의 거문도 사건을 통해 서구 열강과 직접 교류할 수 있는 기회가 조선에 주어졌지만 조선은 대문을 굳건히 걸어 잠갔으며, 두 차례에 걸친 아편전쟁으로 이미 무너진 중화사대주의 문화권에 더욱 종속하는 시대착오적 행보를 거듭했다.

시대착오적 행보의 대표적인 사례가 1882년에 임오군란이 일어났을 때 청나라에 파병을 요청한 것이다. 서양 열강에게 만방으로 터지고 있던 청나라에게 조선은 '청나라의 건재함을 자기위안으로 삼고 또한 서양 열강 앞에서 자존심을 세울 수 있는 좋은 먹잇감'이 되고 말았다. 조선이 먹잇감이 되길 자청하는 바람에 청나라 군대가 조선에 주둔하게 되었고, 일개 청년 장교에 불과한 원세개(袁世凱)의 전횡에 온 나라가 휘둘려 조선의 국제적 지위와 국가 이익은 실종되었다.

조선이 국제적으로 고립되고 일본의 식민지로 전락한 것은 어찌 보면 스스로 자초한 불행이라고 볼 수 있다. 중화사상에 입각한 사대주의 외교가 평화공존을 위한 실리 추구를 벗어나 맹목적인 복종으로 변질되면서 조선은 중국 이외의 국가들, 특히 서양 국가들과 관계를 설정해야 할 필요성이나 국제정세를 파악해야 할 필요성을 인식하지 못했고, 이는

역사가 당신을 강하게 만든다

조선을 우물 안 개구리로 만들었다.

19세기 후반 서양 열강에 의한 중국 침탈이 본격화하는 가운데, 일본은 중화권을 넘어서 도약하는 계기를 만들었다. 19세기 중반 이후 세계 제1의 산업대국으로 부상한 미국을 만나 서로 손을 잡은 것이다. 매슈 페리(Matthew Perry) 제독이 타고 온 증기선을 보고 놀란 일본 지배층은 1854년 미국과 가나가와 미일화친조약을 맺고 미국에게 문호를 활짝 열었다. 일본은 서양식 근대화를 이끌어줄 선생님을 네덜란드에서 미국으로 바꾸고 미국의 문물과 산업을 배우는 데 열중했다.

19세기에 이미 일본은 '아시아 국가가 아니라 유럽 선진사회의 일원이어야 한다'는 탈아입구(脫亞入歐)를 기치로 세계 일등국가 건설 등의 놀라운 구호를 앞세우고 서양식 근대화에 매진했다. 일각에서는 영어를 공용어로 지정해야 한다는 주장까지 제기될 정도로 서구화에 속도가 붙었다.

이런 결정적인 변화기에서도 조선 조정이 쇄국정책에 매달리는 답답함을 보인 이유는 중화사대주의의 족쇄가 감당하기 어려울 만큼 너무 무거워져 있었기 때문이다.

중농주의에 입각한 경제체제는 공업에 종사하는 장인과 상인들의 사회적 지위를 낮춰 근대국가 발전의 핵심 요소라 할 수 있는 기술 개발과 상용화를 가로막는 부작용을 초래했다. 반면 서양에서는 18세기에 이르러 영국을 중심으로 산업혁명이 일어나 생활이 혁신되었고 이와 더불어

서양은 절대적인 기술우위에 서게 되었다. 따라서 중화세계와 조선이 몰락하는 것은 시간문제였다고 보아도 무방하다.

사농공상에 따른 직업서열화가 초래한 폐해 사례를 살펴보자. 임진왜란 당시 우리나라의 도공들은 일본으로 잡혀가기도 했는데, 전쟁이 끝난 후 이 도공들은 고향에 찾아와서 동료 도공들을 설득해 일본으로 데려갔다고 한다. 일본의 지방 영주들은 조선 도공들을 예우해 사무라이에 준하는 지위를 부여하고 풍족한 생활을 허락해 조선과 대비되는 모습을 보였기 때문이다. 낮은 사회적 지위와 양반계급의 착취에 허덕이던 조선 도공들에게 일본은 신세계였고 기회의 땅이었던 것이다.

임진왜란이 끝난 후 도쿠가와 막부가 통신사 파견을 요청하자 조선 조정은 일본의 동향을 파악하고 특히 임진왜란 중 포로로 끌려간 조선 백성들을 조선으로 데려올 목적으로 1607년 제1차 통신사 파견에 동의했다. 그러나 양반 출신이 아닌 조선 포로들은 통신사와 함께 조선으로 돌아가길 거부했다. 이러한 사실은 조선의 사농공상 직업서열화가 지닌 문제점을 잘 보여준다.

일본으로 납치된 조선 도공 이삼평이 일본에서 받았던 대우를 확실하게 알려주는 강력한 증거물이 있다. 사가현 아리타에 있는 스에야마 신사에는 사가현의 영주이자 1만 5000명의 병력을 이끌고 임진왜란에 참전했던 나베시마 나오시게(鍋島直茂)를 상전신으로 모시고 있는데, 조선 도공 이삼평 또한 이와 같은 반열로 모시고 있다. 조선에서는 천민에

역사가 당신을 강하게 만든다

가까운 대우를 받던 도공들이 일본으로 건너간 뒤에는 풍족한 경제적 대우와 높은 사회적 지위를 누리면서 최대한의 능력을 발휘했고, 그들이 생산한 일본 도자기는 비싼 값에 유럽으로 수출되었다.

조선의 건국이념은 조선의 불행한 운명을 예정하고 있었다. 하지만 더 암담한 일은 명분과 예절을 중시하는 성리학을 방법론으로 채택한 것이다. 조선의 핵심 이념으로 성리학을 채택한 것은 불행한 운명을 타개할 기회조차 원천봉쇄했다. 명분과 예절을 중시하는 것은 외부로부터 아무런 도전이 없는 정체된 폐쇄사회를 유지하는 데에는 더할 나위 없이 안정적인 통치철학일 수 있다. 하지만 외부로부터의 도전이 끊이지 않는 역동적인 개방사회에는 맞지 않는다. 조선의 개국공신들은 스스로 중화세계의 변방 제후국이기를 자청했다. 중국이 건재할 때에는 조선을 정체된 폐쇄사회로 운용하는 것이 일정 기간 가능했지만, 중화세계가 무너지기 시작하자 노도처럼 밀려드는 외세의 도전을 도무지 막을 수 없었다.

조선의 개국은 새로운 나라를 세운 것이 아니라 군부 쿠데타를 통해 지배계층을 교체한 정도의 의미를 부여해야 한다. 새로운 지배계층이 현상 유지를 통한 권력의 영속화를 추구하다 보니 예절과 명분을 중시하게 되었고, 든든한 뒷배로서 중국의 지지가 필요했기에 조선은 스스로 신하 되기를 청했던 것이다.

건국이념을 잘 채택해서 성공한 나라로는 미국을 들 수 있다. 미국

헌법의 3대 원칙은 개인의 자유(Individual Freedom), 기업 활동의 자유(Free Enterprise), 작은 정부(Limited Government)이다. 여기에 3대 대통령 토머스 제퍼슨(Thomas Jefferson)이 초대 국무장관 시절에 확립한 특허권 보호제도와 적극적인 이민정책이 맞물리면서 미국은 건국 이후 100년이 채 되지 않아 세계 제일의 산업대국으로 우뚝 섰다.

미국이 짧은 기간에 산업대국이 될 수 있었던 이유를 쉽게 설명해 보겠다. 유럽에서 한 기술자가 기술 개발에 성공해 신상품을 만들었다고 하자. 그 당시 유럽에서는 새로운 기술을 상용화하려면 동업자조합이나 왕실의 허가를 받아야 했는데 기득권층이 허가가 나도록 내버려두지 않아 새로운 기술이 상용화되기 어려웠다. 그러나 새로운 기술을 미국으로 가져가면 자유롭게 창업을 할 수 있고 신기술을 특허권으로 보호해주기까지 하니 유럽에서 발명되는 모든 신기술이 미국으로 몰려드는 결과를 낳았다. 게다가 적극적인 이민정책으로 산업 생산에 필요한 노동력을 확보하기도 수월해 미국의 산업화는 눈부신 속도로 이루어졌다. 가전제품과 같이 20세기에 인류의 생활양식을 바꾼 주요 발명품이 거의 모두 미국에서 나온 사실을 보더라도 국가이념 설계의 중요성을 알 수 있다.

개인의 경우도 마찬가지이다. 처음에 개념을 잘 세우는 것이 중요하다. 무조건 계획을 추진할 게 아니라 달성 가능한 목표를 세우고 목표를 이루기 위한 효율적인 전략과 방법론을 정하는 것이 무엇보다 중요하

역사가 당신을 강하게 만든다

다. 사막에서 물을 얻기 위해 땅부터 파고 보는 게 아니라 먼저 물이 나올 만한 곳을 찾는 것이 중요한 것과 같은 이치이다.

조선의 왕은 절대 권력을 휘두르는 위치가 아니었다. (조선의 개국을 돕고 조선의 제도를 설계한 정도전이 재상을 정치의 중심으로 하는 신권정치를 추구하다가 태종 이방원에 의해 제거되었다.) 왕의 모든 언행은 사관에 의해 기록되었고 왕 본인은 재위기간 중에 자신에 관한 기록을 볼 수도 없었다. 사간원이라는 일종의 언론기관이 있어 왕의 일탈을 견제할 수 있었고 모든 사대부가 왕에게 직접 상소문을 올릴 수 있었다. 일반 백성을 제외하고 사대부와 왕만 놓고 보면 입헌군주제와 유사한 독특한 국가 지배 구조였다. 그래서 중국에서는 조선을 '군약신강(君弱臣强)의 나라'라고 했다.

그렇다면 조선의 신권정치는 조선의 발전에 유익한 방향으로 작용했을까? 결과적으로 보면 신권정치가 큰 실수를 줄이는 효과는 있었겠지만, 탁월한 군주가 나타나더라도 속도감 있는 의사결정을 통해 국가 역량을 집중하기 어려웠으며, 우매한 군주가 왕위에 있으면 부패를 가중시키는 부작용을 낳기도 했다. 책임 소재와 권한 배분이 명쾌하지 못한 국가 지배 구조로 인해 효율적이고 정당한 국가 운영이 어려웠다고 볼 수 있다. 그 결과 조선 후기에 삼정(전정, 군정, 환곡)의 문란과 매관매직으로 국가 기강이 무너졌고, 이는 동학농민혁명으로 이어졌다. 또한 월등한 산업 역량과 압도적으로 강한 군사력을 앞세우고 물밀듯이 들이닥

치는 외세에 밀려 조선은 점차 망국의 길로 들어섰다.

조선에 노블레스 오블리주가 없었던 점도 조선의 운명에 부정적으로 작용했다는 것을 지적하고 싶다. 양반은 사실상 납세의 의무나 병역의 의무도 없이 특권만 누리는 계급이었다. 전쟁이 났을 때 지배층의 자녀들이 앞장서서 칼을 들고 싸우는 모습을 보여야 일반 백성들에게도 희생과 헌신을 요구할 수 있다. 하지만 조선은 돈만 많으면 양민이더라도 돈을 주고 사람을 사서 대신 군대에 복무하게 할 수 있었고(대립제), 베를 사서 내고 군역을 면제받을 수도 있었다(방군수포제). 다시 말해서 돈이 있거나 소위 말하는 '빽'이 있으면 군대를 가지 않아도 되는 나라였다.

이는 대통령을 두 명 배출한 미국의 명문가 루스벨트(Roosevelt) 집안에서 제1차 세계대전과 제2차 세계대전 당시 대통령의 아들, 손자들이 대거 참전해 최전방에서 싸우고 전사자도 나오는 등 솔선수범을 보였던 것과 크게 대비된다. 특히 시어도어 루스벨트(Theodore Roosevelt) 대통령의 장남은 제2차 세계대전이 일어나자 재입대해 육군 준장 계급을 달고 어린 병사들을 이끌며 노르망디에 선봉으로 상륙했으며, 전쟁 중에 전사해 명예훈장을 받은 바 있다.

조선에 노블레스 오블리주가 없었다는 것은 조선이 체계적인 국가로 오래 가지 못하고 하나의 무질서한 집단으로 전락할 소지를 안고 있었다는 의미이다. 조선 말기에 왜 그렇게 다른 나라에 비해 군사력이 달렸는지 의문을 가졌던 독자들은 이제 답을 얻었을 것이다. 삼정의 문란으

역사가 당신을 강하게 만든다

로 호적상 양반이 급증해 군역을 담당할 인구가 줄어들었던 데다 베를 갖다 바치면 군역이 면제되니 군대에 갈 사람이 거의 남아 있지 않았던 것이다. 돈도 없고 배경도 없어서 군대에 간 백성들은 사명감을 가지고 용감하게 싸울 수 있었을까? 이런 상황에서 용감하게 싸우기를 기대하는 것은 무리이다.

납세 인구가 줄고 지방 관리의 부정부패로 국가 재정에 귀속되어야 할 자원이 지배층 개인의 호주머니로 들어감에 따라 국가 재정이 파탄 나서 새로운 군사장비를 마련하기도 어려웠다. 1866년에 프랑스가 강화도를 침입했을 때 사냥을 업으로 하는 민간인 포수들이 동원되었는데, 이러한 맥락에서 보면 그 이유가 이해될 법도 하다. 육군사관학교 이상훈 교수의 분석자료에 따르면, 1866년 강화도 정족산성 전투에는 양헌수 장군 휘하에 모두 549명의 장졸이 참전했는데, 그중 67%에 달하는 367명이 강원도, 경기도, 황해도 출신의 민간인 포수였다. 이는 조선의 빈약했던 국방역량을 구체적인 수치로 보여주는 사례이다. 군대가 얼마나 허약했으면 수도 근방에 침입한 외국 군대를 격퇴하기 위해 1개 대대(통상 800명 내외) 규모의 정규군도 동원하기 어려웠던 것이다. 이런 사정을 생각해 보면 사실 기가 찰 노릇이다.

조선에 노블레스 오블리주가 없었던 것은 조선의 주체세력에게 통치철학과 애국 애민정신이 부족했다는 가설을 세울 수 있는 근거이다. 조선이라는 나라가 태생적 한계와 계속된 실정에도 불구하고 518년이라는 긴 세월을 견딜 수 있었던 이유는 스스로 중국의 제후국 지위를 청하고 중국에 종속되어 중국의 공동운명체로서 존재했기 때문이다. 즉, 중화세계의 수명이 곧 조선의 수명이었던 것이다. 조선의 국가지배구조가 우수해서 오래 존속한 것은 아니다. 청나라를 무너뜨린 신해혁명이 1911년에 일어났고 대한제국도 비슷한 시기인 1910년에 사라진 사실에 주목해야 한다.

현대에 이르러서도 우리나라의 지도층은 본인과 그 자녀들의 현역 입대 비율이 국민 평균보다 낮은 기현상을 보이고 있다. 국가의 존립을 위해 가장 신성한 의무인 국방의 의무를 소홀히 하면서 지도층이 되고자 하는 위선은 바로 조선의 양반계층이 누리던 특권에 뿌리를 두고 있다. 이런 말도 안 되는 특권은 조선을 붕괴시킨 중요한 요인이었다. 따라서 오늘날에도 이런 특권을 막기 위해서는 특단의 조치가 필요하다.

역사가 당신을 강하게 만든다

<u>2</u>

스스로 난쟁이가 되고자 한 조선의 지배계층

    건국이념이 설정되었다고 해도 국가가 건국이념을 지향하는 방향으로 간다는 보장은 없다. 건국이념을 현실에 구현하는 주체인 지배계층의 철학과 행동양식에 따라 국가가 건국이념보다 더 높은 수준으로 날아오를 수도 있고 건국이념에 훨씬 못 미칠 수도 있다. 조선 지배층의 철학과 행동양식은 건국이념에 내재된 한계를 더욱 나쁜 방향으로 몰고 갔다.

    어느 학자는 일본 문화의 특징을 '축소 지향의 문화'로 정의한 바 있다. 필자는 일본 문화재들의 규모, 예를 들어 구마모토성의 거대한 성곽을 보면서 일본이 '축소 지향의 문화'라는 주장에 동의하기 어려웠다. 일본은 서양의 영향을 받은 '디테일 중시의 문화'라고 정의하는 것이 옳다.

    일본이 문화적인 면에서 축소를 지향했다면, 조선은 국가 운영에서 축소를 지향했다고 할 수 있다. 조선 지배층의 철학과 행동양식은 조선을 '스스로 작아지려는 축소 지향의 국가' 또는 '스스로 난쟁이가 되고자 하는 국가'로 만들었다.

조선의 지배계층은 요동과 만주 일대를 회복할 기회를 스스로 포기하고서 권력을 얻었기 때문에 건국의 명분이 매우 약했다. 조선의 개국공신들은 고려가 병든 나라라고 비난하면서 이를 역성혁명의 명분으로 삼았다. 하지만 세계적으로도 원나라에 굴복하지 않은 나라를 찾기 어렵고 고려는 공민왕 이래 요동정벌에 나서면서 자주정책을 실천하고 있었기 때문에 이러한 비난은 논리적으로 무리가 많았다.

조선은 자진해서 옛 강토에 대한 권리를 포기한 채 중화사대주의를 공식적으로 표방한 최초의 왕조이다. 게다가 나라의 이름까지 명나라가 정해달라고 사신을 보낼 정도로 저자세를 취한 왕조이기도 하다. 조선의 지배층은 군사쿠데타로 얻은 기득권을 지키는 것이 민족사를 개척하는 것보다 우선순위였을 것이다.

조선은 삼면이 바다이고 농지가 부족한 산악지형을 갖고 있는 반도국가임에도 해금정책(海禁政策)을 채택함으로써 무역을 통한 번영의 여지를 스스로 봉쇄하고 가난과 기아에 허덕였다. 또한 폐광정책을 써서 비교적 풍부하게 매몰된 지하자원을 사장시켰다. 조선의 해금정책과 폐광정책은 이웃 일본에게 번영의 기회를 양보하는 결과를 초래해 미래의 호랑이를 키웠다.

역사가 당신을 강하게 만든다

조선의 외교정책과 산업정책은 외부의 압력이 없는데도 난쟁이를 자청한 결과가 되었으니 상식적으로 이해하기 어려운 거대한 실책이었다. 난쟁이가 되다 보니 중국과 대등한 외교관계를 맺는 것이 불가능해졌고 100% 중국에 예속되어 멸망의 길을 예약해 놓은 셈이 되었다.

현상 고착을 추구하다

예절과 질서, 그리고 충효사상을 강조하는 유교사상이 본류인 중국에서보다 조선에서 더 꽃피웠던 이유는 조선 사람들의 성품이 훌륭하고 동방예의지국이어서라기보다는 새로운 지배계층이 유교사상을 기득권을 보호하고 현상을 유지하기 위한 통치수단으로 이용했기 때문이다. 중화사대주의도 강자와 약자의 공존을 추구하는 외교적 목적에서 이루어진 것이라기보다는 체제 유지 또는 기득권 유지를 위한 안전판이었다고 보아야 한다.

개국 이래 중대한 변란이 일어났을 때 조선 조정이 취한 행동을 보면 중화사대주의가 체제나 기득권을 유지하기 위한 안전판이었음을 알 수 있다. 임진왜란 때 공을 세운 관군 장수와 의병장들의 공을 깎아내린 점, 임진왜란 발발 초기에 이여송(李如松)이 이끄는 명나라 원군이 평양성 탈환에 기여한 것을 빼면 전쟁 내내 뒷전에서 별로 한 일이 없는 명나라 원군에 대해 재조지은의 큰 은혜를 입었다고 호들갑을 떨며 과장한 점,

임오군란과 동학혁명으로 부패한 지배층이 위협을 받자 국가의 위기가 아닌데도 대뜸 청나라에 원군을 요청해 나라를 쑥대밭으로 만든 점 등을 감안하면 중화사대주의가 국가의 존립과 발전을 위한 실리외교 차원의 패러다임이 아니라 지배층의 기득권을 유지하기 위한 안전판 또는 배경이었음을 알 수 있다.

중화사대주의가 지배층의 안전판이었다는 관점을 보강해 줄 결정적인 증거가 있다. 바로 조선 건국 이래 200년 가까이 조선과 명나라 사이의 외교 현안이었던 종계변무(宗系辨誣)이다. 종계변무란 『명태조실록(明太祖實錄)』과 『대명회전(大明會典)』에 태조 이성계가 고려 권신 이인임의 아들이고 고려 왕을 넷이나 시해한 인물로 기록되어 있어 이를 시정해 달라고 200년 동안 여러 차례 사신을 보내 명나라 조정에 간절하게 주청했던 사건이다. 종계변무는 명나라 조정의 소극적인 태도로 진전이 없다가 선조 대에 이르러 『대명회전』의 조선 관련 내용이 정정되면서 종결되었다. 종계변무가 논란이 된 200년 동안 명나라는 종계변무를 조선을 길들이고 복속시키는 용도로도 활용했다.

중화사대주의가 실리에 입각한 현실 타협적인 외교의 수단이었다면 다른 나라 역사서에 기재된 내용에 대해 그렇게까지 민감할 필요는 없었을 것이다. 하지만 조선 건국의 명분이 부족해 명나라의 강력한 지지가 필요한 상황이다 보니 건국 주체세력의 수장이 비윤리적인 인물로 명나라에 알려지는 것이 부담스러웠을 것이다.

선조는 종계변무 문제가 해결되자 친히 종묘사직 앞에 나아가 이 일을 직접 고했다고 하는데, 솔직히 그다지 마음에 와 닿지 않는다. 왜 그렇게까지 종계변무에 집착했는지, 또 그 일을 해결한 것이 왜 그렇게까지 감격에 겨웠는지 이해하기도 공감하기도 어렵다.

역량의 축적을 가로막다

해금정책

사대주의의 또 다른 폐해는 명나라가 초기에 채택했다가 흐지부지된 해금정책을 그대로 베낀 뒤 조선 500년 내내 이 정책을 실행하는 엄청난 실책을 범한 것이다. 반도국가인 조선에게 해양 진출은 국가 융성의 중요한 활로임에도 불구하고 조선은 해금정책을 통해 외국과의 해상무역을 금지했다. 이로써 조선은 반도국가로서 무역의 거점이 될 수 있는 장점을 하나도 살리지 못한 채 한반도 안에 갇혀버렸다. 해금정책은 산악 지형인 척박한 좁은 땅에 많은 인구가 매달려 빈곤에 허덕이도록 스스로 손발을 묶는 어리석은 정책 그 자체였다.

정작 해금정책을 내세웠던 명나라는 환관 정화(鄭和)가 이끄는 대함대가 아프리카까지 항해할 정도로 해상력을 키워 조선의 완강한 해금정책이 잘못된 선택이었음을 보여주었다. 영락제 시대인 1405년에 시작되어 일곱 차례에 걸쳐 실시된 정화함대의 대항해는 길이가 100m가 넘고 폭이 50m에 이르는 큰 배를 통해 이루어졌고 1차 원정에 참여한 선원 수가 3만 명에 이를 정도로 웅장한 규모였다고 한다.

조선이 국제무역에 나서지 않자 일본이 반사이익을 얻었다. 대표적인 예가 후추무역이다. 일본은 후추를 동남아에서 수입해 조선에 비싸게 되팔았다. 얼마나 폭리를 취했는지 후추장사로 번 돈으로 조선에서 수입하는 인삼에 필요한 돈을 충당할 정도였다.

조선에 표류했던 네덜란드 동인도회사 직원 헨드릭 하멜(Hendrik Hamel)은 네덜란드로 돌아간 후 조선과의 교역을 건의했으나 도쿠가와 막부가 조선과 직접 교역하면 나가사키에 있는 네덜란드 상관을 폐지하겠다고 위협했다. 도쿠가와 막부는 후추무역으로 얻는 이익을 잃을까 봐 두려웠던 것이다. 어쩌면 조선이 반도국가의 이점을 업고 국제무대에 등장하는 것을 경계했을지도 모른다.

우리나라의 역사수업에서 조선이 채택한 해금정책의 배경과 내용, 문제점에 대해 학생들에게 제대로 알려주거나 토론하지 못한 대가는 결국 21세기에 들어 지불해야만 했다. 해상무역과 해상무역을 뒷받침하는 해운산업이 반도국가의 경제에 미치는 중요성에 대한 국민의 인식이 부족해 한진해운, STX해운의 폐업을 너무나도 쉽게 결정하고 만 것이다. 국제해운 네트워크는 하루아침에 형성할 수 있는 것이 아니다. 두 해운사가 폐업한 것, 그리고 두 해운사의 네트워크를 해외로 넘겨준 것은 두고두고 한국 산업의 국제경쟁력을 깎아 먹을 것이다. 수출하는 국산제품

역사가 당신을 강하게 만든다

의 해상운임에 관한 협상력이 낮아져서 해상운임 비용이 상승하고 수출 가격 경쟁력이 하락하기 때문이다.

고려 때 벽란도를 중심으로 국제무역이 크게 발달해 아라비아 상인들까지 출입했던 사실을 모를 리 없는 조선 개국세력이 해금정책을 펼친 것은 납득하기 어려운 일이다. 명나라 태조 홍무제 주원장이 중국 내 권력투쟁에서 반대세력이 해상세력화하는 것을 막기 위해 일시적으로 해금정책을 쓰자 조선도 얼른 해금정책을 채택했고 조선이 끝날 때까지 이 정책을 유지하는 무모함을 보였다. 해금정책에 더해 섬에서 거주하는 것을 국법으로 금지하는 공도정책을 쓴 것 또한 이해할 수 없는 처사였다. 아마 외딴 섬에 숨어 왕위 찬탈을 위한 군사를 기를까 봐 근심이 많았던 것 같다.

해금정책과 공도정책은 국제무역이 활성화되어 장보고와 같은 유력한 해상세력이 등장할까 봐 경계한 것이라고 보아야 한다. 잘 알다시피 장보고는 청해진을 중심으로 막강한 수군세력을 거느렸고 중계무역과 통행료 징수를 통해 엄청난 부를 축적했으며 신라왕실의 왕위 계승에 간여할 정도로 막강한 정치적 영향력을 행사했다.

소극적인 광업정책

조선은 개인이 광산을 개발하는 것을 금지하는 정책을 쓰다가 병자호란 이후 청나라와의 무역을 위한 은의 수요가 늘자 1651년부터 개인의 광산 개발을 허용했다. 그러나 건국 후 이미 250년이 지난 후였고 일본이 조선의 제련기술로 세계 최대의 은 생산 국가로 등극한 후였다.

2년 후인 1653년 헨드릭 하멜이 조선에 표류해 13년 동안 머무르다가 네덜란드로 돌아간 후에 동인도회사에 조선과 직접 교역할 것을 건의했다. 동인도회사는 조선과의 직접 교역에 투입할 배를 건조했는데, 당시 최대 규모의 범선이었고 이름은 코리아호였다. 그러나 이미 막대한 은 생산력을 바탕으로 국제무역의 한 축을 담당하며 입지를 굳힌 일본의 도쿠가와 막부가 네덜란드의 조선 교역을 막아서 조선의 은이 힘을 발휘할 기회가 봉쇄되었다.

연산군 때 발명된 세계 최고의 은 제련기술인 연은분리법은 연산군이 보는 앞에서 기술 시연을 할 정도로 관심을 끌었지만 연산군을 몰아내고 즉위한 중종에 의해 폐기되었고, 결국 이 기술은 일본으로 흘러 들어갔다. 명분은 사치풍조를 없앤다는 것이었지만 은 생산량 확대와 관련 산업 발전에 따른 신흥세력의 등장을 경계했던 것일 수도 있다.

일본은 조선이 버린 기술인 연은분리법을 활용해 막대한 양의 은을 생산함으로써 세계 최대의 은 생산국이 되었고 은을 매개로 하는 국제무역에 참여해서 국부를 축적했다. 17세기 초에는 일본과의 무역을 놓고 영국, 네덜란드, 스페인, 포르투갈이 각축전을 벌일 정도로 일본이 국제무역에서 차지하는 비중이 컸다. 일본과 무역할 상대로는 기독교 포교행위를 하지 않겠다고 한 네덜란드가 최종 낙점을 받았는데 도쿠가와 막부는 네덜란드를 통해 국제사회의 동향을 자세하게 파악했다.

만약 조선이 은광을 적극 개발했다면 소위 광산재벌이 생겼을 것이고, 광산에는 많은 인력이 투입되므로 광부들이 광산재벌의 사병집단이 되어 언제 중앙정부를 위협할지 알 수 없는 노릇이기는 했다. 1812년 발발한 홍경래의 난만 하더라도 홍경래가 광산을 개발한다는 명분으로 사람을 모아서 중앙정부에 반기를 들었던 것으로 기록되어 있다.

국민 총화가 불가능해지다

조선 지배층이 임진왜란 때 공을 세운 주요 의병장들을 역적으로 몰아 제거한 천인공노할 만행도 같은 맥락에서 이해하면 된다. 임진왜란이 끝나고 논공행상을 하는 과정에서 의병장들을 배제하고 역적으로 누명을 씌운 것은 의병장들의 병력 동원 능력을 극도로 경계했기 때문이다.

선조는 청년 의병장군 김덕령을 직접 문초하며 고문을 가해 죽음으로 몰아넣었다. 또한 선조는 명색만 관군일 뿐 전쟁 물자를 자급자족해 의병장이나 다름없었던 이순신을 죽음 직전까지 몰고 갔다가 다급한 상황에 몰리자 다시 삼도수군통제사에 임명하기도 했다. 선조는 명량해전이 끝나자 면사첩을 하사했는데, 이는 이순신에게 '나는 너를 언제든지 죽일 수 있다'라는 메시지를 보낸 것이지, 진정 죽음을 면해 주겠다는 뜻은 아니었을 것이다.

이순신은 일본군과 전투를 하는 와중에도 조정에 생필품을 보내는 눈물겨운 충절을 보였다. 그런데도 선조는 권력 앞에서 냉혹했다. 나라와 백성을 위해 목숨까지 버릴 각오로 왜군과 싸운 민족의 영웅들을 역적으로 대접하는 부도덕하고 반민족적인 왕조가 고금을 막론하고 이 세상 어디에 있는지 묻고 싶다.

백성을 버리고 야반에 한양을 빠져나간 임금의 피난길에 동행한 사람들은 국난극복 공신으로 책봉하면서 의병장들은 역적으로 몬 뻔뻔하고 몰상식한 행동은 조선 개국이 명분이 없는 파당적 행위였음을 대변한다. 명분이 없는 파당적 행위로 권력을 잡았으니 기득권 유지에 장애가 되는 세력 또는 장애가 될 가능성이 큰 새로운 세력이 나올 여지를 철저히 봉쇄해야 했다. 의병장을 박해한 결과는 병자호란과 구한말 외침에 항거해 일어나는 의병의 숫자를 격감시키는 결과를 초래해 조선의 명을 재촉했으니 자충수라 하지 않을 수 없다.

백성의 마음을 얻은 나라는 뭉친 힘의 시너지로 인해 강한 나라의 침략을 받아도 자국을 지켜낼 수 있지만, 백성의 마음이 떠난 나라는 실제보다 왜소해져서 약한 나라의 침략에도 크게 흔들린다는 기본적인 이치를 조선 지배층은 알지 못했던 모양이다.

조선, 특히 임진왜란 이후의 조선은 국민이 일치단결해서 공동의 목표를 추구하고 국가의 위기를 극복할 수 있는 응집력을 상실한 나라였

역사가 당신을 강하게 만든다

다. 국민총화(國民總和)가 불가능한 나라가 된 것이다.

인재 양성을 경시하다

기득권을 유지하는 것이 최대 목표라면 널리 새로운 인재를 양성하고 요직에 발탁해 국가 역량을 키울 이유가 없었다. 새로운 산업을 일으키거나 외국과 활발하게 무역할 인재를 양성할 필요도 없었다. 그저 자기들끼리 대대손손 좋은 자리와 부를 독차지하고 아래 백성들에게 호령하면서 잘살면 그뿐이었다.

조선 건국 후 꼭 200년 만에 일어난 임진왜란 시기는 조선의 국가적 모순이 아직 곪아 터질 단계는 아니었기 때문에 그런대로 임시봉합이 되었다. 하지만 병자호란 이후의 조선은 국가라고 하기에는 너무 영이 서지 않고 혼란스러웠다. 지방수령 자리를 돈을 주고 사는 매관매직이 횡행하니 유능한 인재가 낄 자리가 없었다. 그러다 보니 전정, 군정, 환곡과 같은 조세징수와 빈민구호를 매개로 부정부패가 만연했다. 그 결과 유랑민들이 발생해 더러는 화전민이 되었고, 더러는 금지된 섬으로 갔으며, 만주와 일본으로 도피하는 경우까지 생겼다. 19세기에 들어서는 홍경래의 난을 비롯해 많은 농민반란이 일어나 백성들의 저항도 날로 거세졌다.

돈만 주면 양반이라는 신분도 얻을 수 있게 되었다. 일본 사학자 시카

타 히로시(四方博)의 주장에 따르면, 조선 개국 때 10% 미만에 불과하던 양반이 조선 말기에는 최고 70%에 이르렀다고 한다. 그러나 1909년 민적법 시행에 즈음한 조사 결과에 따르면 양반으로 분류된 비율은 1.9%에 불과해 정확한 상황을 알기는 어렵다. 하지만 양반은 세금을 내지 않기 때문에 부패한 지방수령과 공모해 호적에만 양반으로 기재된 비율까지 포함하면 호적상 양반의 비율은 상당히 높았을 것이라는 추론이 가능하다. 어쨌든 세금 포탈을 위해 호적을 허위로 기재하는 것이 허용된 사회가 제대로 영이 선 사회가 아닌 것은 분명하다 할 수 있다.

조선 지배층이 아무런 경쟁 없이 음서제도를 통해 대대손손 벼슬길에 나가고 고관대작을 독차지한 것도 조선의 대외감각을 무디게 한 중요한 원인이었다. 우선 고관대작의 능력이 부족했을 것이다. 권세 있는 집에서 태어난 사람이라고 머리가 좋다는 보장은 없다. 그리고 머리가 좋은 사람이더라도 술술 잘 풀리는 인생이라서 악착같이 공부할 유인이 없었다. 나라의 고위관료는 손꼽는 수재라 하더라도 중요한 의사결정을 제대로 내리기가 쉽지 않은데 범재 또는 그보다 못한 사람들이 요직에 앉아 있었으니 국제정세의 움직임에 대해 치열하게 고민할 능력도 이유도 없었다.

구체적인 예를 들어보자. 서양의 선박 이양선을 대하는 일본과 조선 두 나라 지배층의 반응은 극히 대조적이었다. 일본은 미국 태평양함대의 증기선을 보고 놀라서 개항을 한 뒤, 서양을 배우던 창구를 네덜란드에서 미국으로 바꾸었다. 일본 지배층은 전혀 새로운 형식의 선박을 보고 자신들이 모르는 기술이 존재한다는 사실에 자극을 받아 그 기술에 대해 알고자 했던 것이다.

일본에는 17세기 초부터 난가쿠(蘭學)라고 해서 네덜란드를 통해 들어오는 서양문물을 연구하는 학문이 있었을 정도로 서양문물을 부지런히 소화했다. 19세기의 일본은 이미 미적분학(Calculus)을 이해하고 있었으며 서양식 의술을 구사하는 병원들이 다수 존재했다. 페리 제독과 일본 관리가 협상할 때에는 네덜란드어를 사용했을 만큼 네덜란드를 통해 서양문물을 빠르게 습득하고 있었다. 페리 제독을 통해 일본이 개항한 것은 19세기 후반부터 미국의 산업기술 능력이 유럽을 추월했음을 보여주는 증거이기도 했다.

반면에 조선은 서양의 이양선을 무조건 배격했다.* 서양은 그저 오랑캐이자 침략자일 뿐이었다. 조선은 일본 지배층이 미국 함대의 이양선으로부터 읽어낸 미국의 기술우위를 알아볼 능력도 자세도 되어 있지 못했다. 조선이 인재를 양성하는 데 실패한 것이다. 예나 지금이나 사람이 중요하다. 조선은 명분과 윤리에 갇혀서, 또 중화사대주의에 눈이 멀

---

* 일본에도 처음에는 청나라 선박과 네덜란드 선박을 제외한 외국 선박은 포를 쏘아 격퇴한다는 '이국선 타불령(異國船打拂令)'이 존재했고 1837년 미국 상선 모리슨(Morrison)호를 대포를 쏘아 격퇴시킨 적도 있다. 하지만 제1차 아편전쟁이 종료된 1842년에 서양 세력의 힘을 목격하고 이 명령을 철회했다(문소영, 『조선의 못난 개항』(역사의 아침, 2013), 49쪽 참조]. 일본이 바깥세상을 읽으면서 국내 정책을 조율했음을 보여주는 사례라고 할 수 있다.

어서, 그리고 폐쇄적인 인사관리로 인해서 세상을 읽는 능력을 상실했다. 서양식으로 표현하면 자유를 통한 창의력과 경쟁이 인정되지 않는 사회였기 때문에 최고의 인재가 양성될 수 없었고 평범하고 풍류를 즐기는 둔재만 양산해 내는 체제에 머물렀다. 그러니 강국의 먹잇감이 될 수밖에 없었다.

미국을 새로운 스승으로 모시고 최첨단 미국산업의 노하우를 전수받은 일본은 일취월장해 개항한 지 40년 만에 청나라를 굴복시켰다. 그리고 개항한 지 50년 만에 강국 러시아를 격파하는 기염을 토했다. 일본은 러일전쟁 이후에도 눈부신 성장을 거듭해 1922년에 세계 최초로 항공모함 호쇼를 실전 배치하는 쾌거를 이루었다. 1937년 일본군은 상해를 육상과 해상에서 포위해 공격했는데, 항공모함 카가에서 발진한 폭격기들이 갑자기 바다로부터 날아와서 상해를 맹타해 중국인들과 세계를 깜짝 놀라게 만들기도 했다.

항공모함을 이용한 해상기동 작전은 일본제국 해군이 원조의 위치를 차지할 정도로 일본은 대양해군 분야에서 미국과 영국을 앞지르는 모습을 보였다. 그리고 마침내 일본은 세계적인 해군력을 갖춘 실력과 자신감을 바탕으로 태평양전쟁을 기획하기에 이르렀다.

지배층의 전략적 사고능력과 세상을 읽는 능력은 국가와 민족의 흥망성쇠를 결정한다. 따라서 가문의 배경을 고려하지 말고 제대로 된 경쟁을 통해 상대적으로 우수한 인재를 뽑아 국가 요직에 발탁해야 한다. 경

　　　　　　　　　　　　　　　역사가 당신을 강하게 만든다

쟁이 없으면 자기계발을 소홀히 할 수밖에 없어 인재를 양성하기 어렵다. 범재가 정부의 요직에 앉아 의사결정 시점을 놓치거나 의사결정을 그르쳤던 조선에게 옳은 방향으로 가기를 기대하기는 힘들었다.

사제관계에 얽매이다

성리학의 가르침인 군사부일체는 사제관계를 중시했다. 왕과 스승이 동격이고 스승이 아버지와 같은 존재이다 보니 제자가 스승의 뜻을 거스르는 것을 커다란 금기로 여겼다. 제자는 스승 앞에서는 성장하지 않는 난쟁이에 불과했던 것이다.

스승이라고 해서 언제나 옳은 것은 아니다. 그렇기 때문에 스승이 틀린 주장을 할 경우 국가의 중요한 의사결정이 왜곡될 수 있었던 것도 조선이 안고 있는 큰 문제점이었다. 그 실례로는 대동법의 확대 시행을 지연시킨 송시열과 김집의 사제관계를 들 수 있다. 임금님에게 지방의 특산물을 바친다는 소박한 충성심의 발로로 시작된 공납은 많은 문제를 낳았는데, 그중에서도 공납물품을 업자가 대신 공급하는 방납의 폐해가 극심했다. 관청에서 공납물품의 품질을 트집 잡다 보니 관청과 연결된 방납업자들에게 공납물품을 구매해 바쳤는데, 방납업자들이 엄청나게 비싼 값을 불러 백성들의 등골을 휘게 했다.

광해군은 방납의 폐해를 없애려고 경기도와 강원도부터 공납을 쌀로 대신 내게 하는 대동법을 실험적으로 시행했고 백성들이 좋아했다. 효종에 이르러 대동법을 삼남지방 등 다른 지역으로 확산 적용하는 것에 대한 논의가 있었다. 대동법의 확대 시행은 거스를 수 없는 대세였지만 기득권층의 반발이 있었다. 특히 방납의 폐해에 대해 맹렬히 비판하던 송시열이 정작 대동법의 확대 시행에 반대하고 사직원을 제출했다. 그이유는 스승인 김집이 대동법 확대 시행을 강력히 반대하며 조정을 떠났기 때문이다. 송시열의 행동에 진정성이 없었을 가능성을 배제할 수 없지만 군사부일체에 입각한 사제관계가 송시열의 정치적 입장을 어렵게 한 것은 분명한 사실이다.

청출어람(靑出於藍)이라는 말이 있다. 잘 알다시피 제자가 스승보다 뛰어난 경우를 말한다. 제자가 스승보다 뛰어나야 학문도 시간의 흐름에 따라 발전하고 국가도 발전한다. 니체도 자신의 작품을 통해 학생이 스승보다 나아야 한다는 주장을 폈다. 사제관계에 얽매여 제자가 스승보다 앞서가지 못한다면 학문은 답보 상태에 빠지고 국가의 발전도 멈추게 된다. 조선은 예절을 지나치게 중시한 나머지 실리를 도외시하는 오류에 빠졌는데, 경직된 사제관계도 마찬가지의 오류라고 해야 할 것이다.

• 자세한 내용은 이덕일, 『송시열과 그들의 나라』(김영사, 2016) 참조.

역사가 당신을 강하게 만든다

3

기술선진국이던 조선, 산업혁명의 흐름을 놓치다

조선이 일본의 식민지로 전락했기 때문에 조선이 처음부터 형편없는 기술후진국이었다는 선입견을 가질 수 있다. 구한말의 조선은 서양이나 일본에 비해 기술수준이 낮았지만 산업혁명이 본격화되기 이전인 18세기 초반까지는 조선도 결코 만만하게 볼 나라가 아니었다.

병자호란 당시 주화파였던 최명길의 손자 최석정은 1710년경에 『구수략(九數略)』이라는 수학책을 저술했는데, 그 책에서는 서양 수학자 레온하르트 오일러(Leonhard Euler)보다 앞서서 세계 최초로 9차 직교라틴방진을 제시했다. 이 업적은 해외학계에서도 공인을 받아 2007년에 출판된 『조합론 디자인 핸드북(Handbook of Combinatorial Designs)』에도 소개되었다.

한편 서양의 산탄대포(Canister Shots)는 수많은 쇠구슬이 튀어나와 인마를 살상하는 대포로서 18세기 후반에 영국에서 개발되었고 1815년 워털루전투에서 훈련이 부족한 영국군의 버팀목 노릇을 톡톡히 한 바 있다. 그런데 세계 최초의 산탄대포는 조선에서 개발되었다. 이순신의 조선 수군이 산탄대포를 실전 배치해 운용했던 것이다. 이순신은 총통에 조란탄이라고 하는 쇠구슬을 넣어 발사했는데, 조란탄은 일정 면적의 범위에 탄막을 형성해 인마 살상능력을 대폭 강화했다. 특히 명량해전에서는 좁은 수로에서 밀집 대형으로 공격해 오던 일본 수군에게 큰 피해를 입혔다. 서양보다 200년 앞서서 쇠구슬이 튀어나오는 산탄대포가 실전 배치되었으니 실로 놀라운 창의력이 아닐 수 없다.

또한 이장손이 발명해 임진왜란 때 사용한 비격진천뢰는 세계 최초의 작열탄이라 할 수 있다. 비격진천뢰에는 폭발시간을 조절할 수 있는 시한신관이 장착되어 있어 당시로서는 세계 첨단의 신무기였다. 비격진천뢰는 대완구에 포탄을 넣어 발사하면 500보 정도 날아가 목표지점에 떨어진 후 일정시간 후에 폭발해 날카로운 쇳조각이 터져나오는 방식이었다. 귀신이 쏘는 대포라 해서 일본군에게 공포의 대상이었던 비격진천뢰는 제1차 진주성 전투를 승리로 이끈 숨은 주역이라 할 수 있다. 당시 서양 대포나 명군과 일본군이 쓰던 대포의 포탄이 쇳덩어리 자체였던 것에 비하면 놀라운 기술력이 아닐 수 없다. 현대 무기와 비교하면 대형 유탄발사기와 중박격포의 복합형으로 볼 수 있다.

세계 최초의 로켓탄이라 할 수 있는 신기전도 화약의 폭발력으로 먼거리까지 화살을 날려 보낼 수 있어 아군의 피해를 줄이면서 적군을 공격할 수 있었다. 또한 해전에서는 불화살을 멀리 날려 보내 적선이 가까이 오기 전에 화공으로 불태울 수 있어서 적을 혼란에 빠트렸으며, 총통이나 대장군전과 함께 사용해 적선을 보다 용이하게 격파했다.

변이중이 발명해 행주산성 전투와 경주성 탈환 전투에서 위력을 떨쳤던 화차는 승자총통 40발을 연속해서 발사할 수 있는 연속발사총통이었는데, 현대 무기체계로 따지면 기관총의 원형이라 할 수 있다. 세계 최초의 기관총인 개틀링 기관총이 19세기 후반 미국 남북전쟁 중에 처음 실전에 배치되었던 사실에 비추어보면 실로 놀라운 일이 아닐 수 없다. 왜군들은 행주산성 전투 당시 300대의 화차에서 탄알이 연속 발사되면서 비 오듯 쏟아지자 요란한 소리에 공포에 떨었고 많은 피해를 입었다.

행주대첩은 당시 아낙네들이 행주치마에 돌을 날라 와서 일본군을 공격했다는 미담으로 유명하다. 이는 조선의 백성이 조선군을 적극 도왔다는 사실을 강조한 측면이 크다. 하지만 사실 행주대첩이 승리할 수 있었던 원동력은 조선군 화약무기의 우수한 살상력에서 비롯되었다. 임진왜란 초기 조선군이 전열을 가다듬기 전에 벌어진 평양성 탈환 전투에서는 이여송이 이끄는 명군의 활약에 크게 힘입었지만, 이후 있었던 주요 전투에서 승리를 거둔 것은 모두 조선군의 활약 덕분이었다. 다시 말하면 조선의 군사력, 그리고 군사력을 뒷받침하는 산업능력과 기술역량이 상당한 수준이었음을 보여준다.

그러나 서방세계에서 18세기부터 시작된 산업혁명으로 인해 기계기술이 획기적으로 진보함에 따라 중화문화권이 서방세계에 뒤처지게 되었다. 조선도 사농공상의 신분체계에 갇혀 기술자들을 천대하면서 화약무기체계가 임진왜란 당시의 수준에서 멈추거나 오히려 뒤처지게 되었다. 만일 조선이 화포공들을 우대하며 화약무기체계를 계속 발전시켰다면 만주족이 철갑기병인 팔기군을 내세워 중원을 평정했듯이 조선도 화약무기를 앞세워 중원의 주인이 될 수도 있지 않았을까? 세종 때에는 길이 14cm, 구경 0.9cm인 세총통(細銃筒)을 개발했는데, 이는 개인휴대 화약무기와도 같은 것이어서 더 발전시켰다면 권총 같은 우수한 병기가 되었을 것이다.

　　한편 농본주의에 입각한 유교사회였던 조선은 광업을 중요하게 생각하지 않았다. 16세기 초인 연산군 재위 시절에는 양인 김감불과 장례원, 노비 김검동에 의해 획기적인 은 제련기술인 연은분리법이 발명되었다. 1503년 5월 연산군 앞에서 기술을 시연했는데, 납과 섞여서 나오는 은광석에서 소나무재를 이용해 납을 먼저 제거하고 그 뒤에 은을 추출하는 기술로서 납과 은이 녹는 온도가 다른 점을 이용한 기술이었다. 일반인이 왕궁에 와서 왕이 지켜보는 가운데 기술 시연을 했다는 것은 이 기술에 대해 국가적 관심이 있었다는 추론이 가능하다. 그러나 연은분리법은 정작 조선에서는 제대로 쓰이지 않았다. 실로 아쉬운 일이 아닐 수 없는데, 이는 연산군을 몰아낸 중종이 사치풍조를 배격한다는 이유로 은

광 개발을 억제했기 때문이라고 전해진다.

앞서 이야기했듯이 조선이 버린 이 세계 최고기술은 일본으로 흘러 들어가 꽃을 피웠고 일본을 세계 1위의 은 생산국으로 만들었다. 일본은 막대한 은을 이용해 무역을 하고 엄청난 부를 축적했다. 도요토미 히데요시(豊臣秀吉)는 연은분리법으로 생산된 은을 사용해서 조선을 침공하는 데 필요한 함선을 건조하고 무기를 만들었다. 조선이 버린 무기를 써서 조선을 친 것이다.

우리는 이 사례를 통해 국가체제와 지도층의 철학과 행동양식이 산업 발전과 국가 안보에 중대한 영향을 미친다는 사실을 알 수 있다. 은을 사치품으로 보는 관점은 지극히 관념적인 도덕론에 입각한 것이다. 경제적 관점에서 보면 은은 거래의 지급 수단이자 가치 저장의 수단이다. 특히 당시 국제무역의 주요 지급 수단이 은이었다는 점을 감안하면 은은 오늘날 기축통화인 달러화와 유사한 위치에 있었다. 연은분리법을 활용한 은 채굴은 널리 권장되어야 할 일이었지만, 사대부는 물욕이 없고 청빈해야 한다는 지나친 윤리의식과 명분 집착으로 인해 세계 최고 기술을 다른 나라에 줘버리는 어이없는 일이 빚어지고 만 것이다.

도쿠가와 막부는 나가사키에 인공 섬을 만들고 네덜란드 상관이 입주해 활동하도록 허락했는데, 연은분리법으로 은 생산량이 늘어나자 네덜란드 무역상들을 통해 전 세계로 은이 흘러나갔고, 이로 인해 많은 귀중한 외국산 물품이 일본으로 유입되었다. 이는 일본의 국부와 기술 수준을 획기적으로 높여주었을 것이라는 합리적인 추론이 가능하다. 19세기에 인구 기준으로 세계 최대 도시는 북경도 아니었고 런던도 파리도 뉴욕도 아니었다. 바로 일본의 에도였다. 조선이 버린 은이 일본의 은이 되어 일본을 하늘 높이 날아오르게 했던 것이다. 이는 지배층의 오판과 편견이 국가를 얼마만큼 망치고 백성들에게 해악을 끼칠 수 있는지를 잘 보여주는 사례이다.

잘 알려진 바와 같이 세계 최초의 측우기도 조선 세종 때 발명되었다. 농업에서 강수량이 차지하는 중요성은 매우 크다. 체계적으로 정확하게 강수량을 측정하고 기록을 남겨 계절별로 강수량이 변화하는 패턴을 파악하는 것은 파종 시기와 수확 시기를 파악하는 데 필요한 정보를 제공했고 농업 생산성 향상에 큰 전환점을 가져왔다. 측우기라는 하드웨어도 중요하지만 그보다 측우기를 통해 강수량 분포에 관한 의미 있는 통계정보를 축적해 농업 생산 활동에 이용했다는 소프트웨어적 측면이 더욱 돋보인다고 할 수 있다.

소프트웨어와 관련해 일반 국민들이 잘 모르는 사실이 하나 있다. 독일의 문호 괴테가 인류 역사상 중요한 발명품의 하나라고 극찬한 복식부기(Double Entry Book-Keeping)가 서양보다 앞서서 고려시대에 창안되었고 조선시대에도 활발하게 사용되었다는 사실이다. 서양에서 루카 파치올리(Luca Pacioli)가 베니스 상인의 복식부기를 소개했던 시점(1494년)보다 200년 이상 빠른 시기에 고려 개성 상인들 사이에서는 복식부기

역사가 당신을 강하게 만든다

가 사용되었다.

송도사개치부법(松都四介治簿法)이라 불리는 고려 복식부기는 서양 복식부기와 다른 형태를 띠고 있고 기록 방식에도 차이가 있다. 하지만 자산, 부채, 자본, 수익, 비용, 이익과 같은 개념이 서로 일치하고, 대차대조표, 현금흐름계산서, 손익계산서 등의 재무제표를 작성하는 데 차이가 없으며, 자본적 지출과 수익적 지출을 명확하게 구분했다. 복식부기가 서양 자본주의 경제에서 기업의 재무 상태와 경영 실적을 정확하게 측정해 경영합리화를 이룬 핵심 수단이라는 점을 감안하면, 서양보다 먼저 복식부기를 실용화했다는 것은 실로 놀라운 일이다.

이처럼 조선은 초기까지만 해도 세계 최고 수준의 상인들, 세계 최고 수준의 기술자들을 보유하고 있었다. 그러나 과학적이지 못한 건국이념으로 인해 기술자와 상인을 천하게 여기게 되었고 형이상학적인 방법론 때문에 이들에게는 능력을 발전시킬 기회가 주어지지 않아 이들의 능력은 정체하거나 오히려 퇴보하는 모습을 보이고 말았다.

반도국가로서의 장점을 살리지 못한 해금정책으로 인해 활발한 국제무역이 원천적으로 불가능하게 되어 국제 동향에 어두웠던 것도 큰 불행이었다.

돌이켜 보면 해금정책이 조선을 산업혁명의 물결로부터 단절시킨 원인을 제공했다고 할 수 있다. 당시 조선은 중국과의 조공무역, 그리고 일본과의 통신사 교류가 국제교류의 양축이었으므로 유럽에서 발원한 산업혁명을 접하기는 어려웠다. 중국과 일본의 번영을 보면서 냉철하게 관찰하고 분석했더라면 산업혁명의 조류를 읽어낼 수 있었을 것이지만 조선 지배층은 그럴 만한 역량이 없었다.

'구슬이 서 말이라도 꿰어야 보배'라는 말이 있다. 조선은 수준 높은 기술자와 뛰어난 경영 능력을 지닌 상인들을 보유한 상태에서 출범했지만 이들을 키워서 국가 발전의 동력으로 삼지 못하는 바람에 삼류 국가로 전락하고 말았다.

역사가 당신을 강하게 만든다

4

정보의 중요성을 이해하지 못한 조선

군사정보를 수집하는 데 소홀했던 조선

1942년 6월 발발한 미드웨이해전은 태평양전쟁의 주도권이 일본에서 미국으로 넘어가는 결정적인 계기가 된 해전이다. 이 미드웨이해전에서 일본제국의 해군이 참패한 이유는 정보 수집 경쟁에서 밀렸기 때문이다. 객관적인 전력에서 우위였던 일본제국 해군은 미드웨이섬을 기습 점령하고 나아가 하와이를 점령함으로써 미국 태평양함대의 숨통을 끊으려 했다. 하지만 미해군 정보팀에게 암호를 해독 당해 작전계획이 미군에게 노출되었다. 미해군 함대는 일본군의 작전계획에 따른 예상 항로로 접근해 매복한 후 일본 함대를 함정으로 유인해 궤멸적인 타격을 가했다.

미 해군은 암호 해독 능력에 더해 레이다가 장착된 항공모함도 보유하고 있었다. 그 덕분에 일본 항공모함 함재기들의 접근을 미리 알고 요격 전투기들을 미리 출격시켜 대처할 수 있었다. 하지만 일본 항공모함은 레이다가 없고 견시병들이 직접 눈으로 상공을 감시하는 체제였기 때문에 미국 항공모함 함재기들의 기습공격에 속수무책이었다. 일본군은 작전에 참여한 네 척의 항공모함이 모두 격침되는 참패를 당했다.

전쟁을 앞두고 있으면 당연히 적국의 움직임을 감시하고 관련된 정보를 수집해서 대응전략을 세워야 한다. 그러나 조선이 겪은 두 차례의 큰 전쟁, 임진왜란과 병자호란을 들여다보면 조선 조정은 기초적인 정보 수집도 소홀히 해서 화를 키웠다.

임진왜란이 있기 2년 전에 일본의 국내 사정과 도요토미 히데요시의 의중을 파악하기 위해 조선통신사가 일본을 방문하고 돌아온 바 있다. 그 이듬해 도요토미 히데요시가 국서를 보냈는데, 국서에는 명나라를 공격하기 위해 일본군이 조선을 통과하니 협조하라는 내용이 담겨 있었다. 즉, 정명향도(征明嚮導), 가도입명(假道入明)을 언급하며 침략의도를 드러낸 것이다.

당시 통신사로 일본에 다녀온 정사 황윤길과 부사로 갔다 온 김성일은 서로 의견이 달랐다. 서인 황윤길은 전쟁이 있을 것이라고 주장했고 동인 김성일은 황윤길의 주장을 반박했다. 조선 조정은 나름 전쟁 가능성에 대비하기는 했지만 동인과 서인으로 갈라진 조정의 인식이 통일되

역사가 당신을 강하게 만든다

지 않아 제대로 준비를 하지 못했다. 특히 조선원정군을 수송할 일본 해군의 중간기착지인 대마도에 대한 정찰과 정보 수집 활동을 게을리 해서 일본군이 부산포에 기습 상륙하도록 허용하는 중대한 군사적 실책을 범했다. 만약 부산포 앞바다에 대규모 총통부대를 비밀리에 배치하고 오사카, 대마도, 부산포를 잇는 축선상에 경계 선박들을 운용해서 일본 해군 군함과 수송선의 움직임을 미리 파악했더라면 일본군 선봉부대는 부산포에 상륙하는 과정에서 조선군 총통부대로부터 집중포화를 받아 회복불능의 피해를 입었을 수도 있다. 임진왜란 당시 조선 군대는 조총과 같은 개인 화약무기는 없었지만 총통과 같은 공용 화약무기의 수준이 상당히 높았기 때문에 부산포 앞바다에 치밀한 화망을 구성해 대비했더라면 임진왜란이 아주 싱겁게 끝났을 수도 있다. 하지만 임진왜란이 조선 최대의 전쟁으로 확대된 것을 보면 이순신 개인의 노력에 의한 전쟁 준비를 제외하고는 제대로 된 전쟁 준비는 없었다고 보아야 한다.

전쟁을 제대로 준비하지 않았다는 강력한 증거가 경상우수사 원균이 지휘하는 전함의 일부가 전투를 포기하고 부산포를 탈출한 사실이다. 제대로 전쟁을 준비했더라면 경상우수영 전함들은 정찰임무와 적상륙부대 요격임무를 수행했을 것이고, 요격임무를 수행했더라면 부산포 앞바다에서 모두 침몰하든지 승리해 살아남든지 했을 것이다. 경상우수영이 일본군 상륙부대를 태운 일본 선박에 별다른 대응사격을 하지 않은 것, 그리고 자신들의 전함을 대부분 불태워 자침시킨 뒤 세 척만 도망쳐

나와서 전라좌수영에 합류한 것은 그 누가 어떤 내용의 기록을 남겼더라도 조선의 전쟁 준비가 전무한 상태였음을 후세에 자백한 것이나 다를 바 없다.

당시 식량의 일부를 조선에 의존하고 있던 대마도의 도주(島主)가 조선 조정에 우호적이어서 조선 조정에 일본의 침략 의도를 미리 알려주기까지 했던 터라 얼마든지 필요한 정보를 얻어낼 수 있는 상황이었다. 그런데도 대마도를 중심으로 한 정보 수집과 정찰 활동을 하지 않은 것은 군사학적으로 보면 어이없는 일이라서 진한 아쉬움이 남는다.

병자호란 때에도 상황은 크게 바뀌지 않았다. 여전히 상대방을 실제보다 낮춰보고 필요한 정보를 얻으려 노력하지 않았다. 적을 알아야 방비책이 나오는데 적을 모를 뿐 아니라 기본적인 방비태세와 병력배치도 갖추지 않는 실책을 되풀이했다. 1636년 병자호란 때 청군의 침입이 임박해 옴에 따라 압록강 건너편의 움직임을 살필 수색부대를 만주지역에 보내야 했는데 이를 소홀히 해서 철갑기병대를 주력으로 하는 청나라 군대의 빠른 진군을 막아내기 어려운 상황을 자초했다.

청군 기마부대가 압록강을 건너는 것을 막기 위해 의주에 방어선을 구축해야 한다는 최명길의 건의는 묵살되었고 조선 수비군은 도원수 김자점의 군령에 따라 모두 산성에 들어가 청군이 오길 기다리고 있었다. 기병부대가 주력인 청군을 평야지대에서 맞이하지 않고 산성에서 기다린다는 작전개념은 한양으로 가는 길을 훤하게 열어주는 허점을 안고

역사가 당신을 강하게 만든다

있었다. 청군 기병부대는 이 허점을 정확하게 파악하고 빠른 속도로 한양으로 직행해 인조를 생포하려 함으로써 조선 조정을 큰 혼란에 빠트렸다.

공황상태에 빠진 조선 조정은 강화도로 몽진하기로 했는데 이 결정에도 큰 잘못이 있었다. 앞서 언급했듯이 1633년에 명군 장수 공유덕과 경중명이 수군을 이끌고 후금에 투항하는 역사적인 사건이 발생한 바 있다. 당시 조선은 명의 요청으로 공유덕과 경중명의 투항을 저지하는 데 조선군 조총부대를 파병해, 조선군 조총부대는 공유덕과 경중명의 선단을 엄호하는 후금군에게 사격을 가하고 후금군은 조선군에게 대포를 발사하는 교전을 벌인 적이 있다.

조선 조정이 군사정보를 수집해서 활용하는 데 소홀했다는 결정적 증거는 조선군이 후금군과 교전한 이 사건에서 도출된다. 공유덕과 경중명이 청에 귀순한 것은 청나라도 이제 수군을 보유하고 운용할 수 있게 되었음을 의미하는 중대한 사건이었다. 공유덕과 경중명을 추격하는 데 참여한 조선은 이들의 귀순 사실이 향후 조선과 청나라의 전쟁 과정에서 어떤 의미를 지니는지 분석하고 대비해야 했는데 이를 소홀히 해서 일을 그르쳤던 것이다.

강화도로 몽진하려던 인조는 강화도로 가는 길이 청군에 의해 차단되자 남한산성에 들어가 청군에게 겹겹이 포위되는 궁색한 상황으로 몰렸다. 지방에서 남한산성을 구하러 온 근왕군들은 패퇴하거나 발이 묶여 있었고 남한산성 행궁으로는 청군이 쏘는 홍이포 포탄이 날아들고 있었다. 이런 와중에도 주전파는 명나라에 대한 의리라는 허황된 명분에 병적으로 몰입해 아무 대책도 없이 항복에 반대했다. 주전파와 주화파가 치열한 논쟁을 벌이는 가운데 아무런 결정을 내리지 못하던 인조는 강화도로 피신해 간 왕비와 왕자가 청군의 강화도 점령으로 포로가 되었다는 비보를 접하고선 항복을 결심했다.

조선 조정은 1633년에 이미 청나라가 수군을 보유하게 되었다는 사실을 인지했으므로 강화도는 더 이상 안전지대가 아니라 더 위험한 곳이라는 인식을 갖고 있어야 했다. 그런데도 여전히 만주족이 유목민족이라는 이유로 강화도로 몽진하려 했다는 것은 이해가 가지 않는 대목이다. 정보의 수집, 축적, 활용이 체계적으로 이루어졌더라면 인조는 내륙 깊숙한 곳으로 피신하는 것이 더 안전한 선택임을 파악했을 것이다. 청나라가 수군을 운용하는 상황에서 강화도 몽진을 강행한 것은 스스로 청군 진영으로 투신한 것이나 마찬가지였다.

임진왜란이 발발하기 전 두 번에 걸쳐 조선에 조총이 소개되었지만 아무런 조치도 취하지 않아 임진왜란이 어려운 싸움으로 확대된 것도 조선이 군사정보의 중요성을 소홀히 한 예이다. 일본에 서양의 개인 화기인 조총이 전래된 지 12년 되던 해인 1555년, 일본인 평장친(平長親)은 당시 조선의 임금이던 명종에게 조총을 조정에 바치고 제작기술을 전수하겠다고 제의했다. 하지만 명종의 반대로 흐지부지되고 말았다. 조총

역사가 당신을 강하게 만든다

만드는 데 쓸 철이 없다는 게 이유였다. 안 쓰고 뒹구는 종을 녹여 쓰자는 일부 신하들의 건의도 받아들여지지 않았다.

임진왜란 개전 3년 전인 1589년 선조 때에는 대마도주인 소 요시토시(宗義智)가 통신사를 일본에 보낼 것을 청하면서 최신식 조총을 예물로 조선 조정에 바쳤지만 아무런 관심과 조치 없이 창고에 처박아 놓았다. 소 요시토시가 도요토미 히데요시의 중국 정복 야욕과 일본의 전쟁 준비 상황을 충분히 설명했을 텐데도 일본군의 신무기인 조총에 대해 경계하지 않은 처사는 이해하기 어렵다. 일본의 지배층은 서양의 조총이 소개되자 서양의 군사적 위협에 대비해 조총의 자체 제작과 보편화 작업을 서두른 반면, 조선의 지배층은 잠재적 침략자의 신무기를 보고도 아무런 전략도 세우지 못하는 무능력과 방심을 드러냈던 것이다.

임진왜란이 발발하고 나서 1년 반 정도 지난 시점인 1593년 9월 이후 이순신의 조선 수군이 조총을 자체 제작해 사용한 기록이 있는 것을 볼 때 조선의 철물 주조능력도 상당 수준이었음을 알 수 있다. 임진왜란 이전에 조선 조정이 마음만 먹었다면 조선 육군도 조총으로 무장하고 일본군의 침략을 효과적으로 제지할 수 있었다고 보아야 한다.

1543년에 중국인 해적선에 있던 포르투갈 사람들이 가고시마현에 속한 작은 섬 다네가시마에 표류해 와서 조총을 소개했다. 이들은 섬의 영주 다네가시마 도키다카(種子島時堯)와 가신들 앞에서 직접 사격시범을 보여주었는데, 영주와 가신들은 작은 쇠막대기에 나오는 굉음과 파괴력에 크게 감명을 받았다. 이들은 무력을 증강시키기 위해 조총의 자체 제작을 시도했는데, 제철 기술자와 대장장이들이 조총을 분해하고 연구를 거듭한 결과 조총 자체 제작에 성공했으며, 조총 제작기술을 독점하지 않고 다른 영주들과 공유했다. 이로써 일본의 무기체계는 혁신되었다. 이 조총기술을 활용하는 데 가장 적극적이었던 사람은 오다 노부나가(織田信長)였다. 그는 연속사격이 가능한 철포부대를 운용해 라이벌인 다케다 가쓰요리(武田勝頼)의 기마부대를 제압하고 전도통일의 위업을 달성한 바 있다.*

경성에 나타난 미국 공주에 들뜬 조선

조선이 정보활동을 소홀히 했다는 증거가 더 있다. 1905년에 경성을 떠들썩하게 한 사건이 일어났다. 미국 대통령의 딸 앨리스 루스벨트(Alice Roosevelt)가 경성에 나타났던 것이다. 청일전쟁과 러일전쟁에서 승리한 일본제국주의의 조선 침탈이 본격화되기 시작한 시점이라서 외국의 공주인 앨리스가 조선에 입국한 것은 조선 조야의 비상한 관심을 끌기에 충분한 사건이었다.

조선 조정은 앨리스가 입국한 전후 사정에 대한 정보를 우선 수집해

* 박종인, 『대한민국 징비록』(와이즈맵, 2019) 참조.

　　　　　　　　　　　　역사가 당신을 강하게 만든다

야 했지만 이를 생략하고 아전인수 격으로 조선에 유리하게 해석했다. 즉, 미국 왕이 공주를 보낸 것은 미국이 조선에 호의를 품고 있다는 증거이므로 러일전쟁에서 승리한 후 고삐 풀린 맹수가 된 일본을 미국이 나서서 견제해 줄 것으로 여긴 것이다.

사실 앨리스가 조선에 온 것은 사전에 계획된 일이 아니었다. 앨리스는 이듬해 결혼한 예비 남편 니콜라스 롱워스 3세(Nicholas Longworth III) 하원의원과 함께 국회의원, 장군, 제독이 참여하고 윌리엄 태프트(William Taft) 장관이 이끄는 대규모 미국사절단에 끼어 있었다. 앨리스의 공식 직함은 태프트 장관이 주최하는 만찬 등 공식행사에서 태프트 장관의 파트너 역할을 하는 의전관이었다. 지금이면 공사 구별이 분명하지 않고 국고를 낭비한다고 비난받을 일이지만 당시에는 허용되었던 모양이다. 자유분방하고 발랄한 아가씨였던 앨리스는 일본, 중국, 필리핀을 방문하고 돌아가는 길에 조선을 꼭 보고 가야 한다고 고집을 피웠다. 이미 동경에서 가쓰라-태프트밀약을 맺어 한국의 운명을 몰래 일본에 넘겨버린 미국사절단으로서는 입장이 곤란했는데, 앨리스가 니콜라스 롱워스 의원과 함께 개인 자격으로 조선을 방문하는 것으로 타협을 보았다. 따라서 앨리스의 조선 방문은 아무런 외교적 의미도 없었다.* 그 당시에도 한국의 운명을 한국이 모르게 남들끼리 정해버리는 코리아

* 이 소동에 관한 자세한 내용은 James Bradley, *Imperial Cruise*(Back Bay Books, 2009) 참조.

패싱(Korea Passing)이 있었던 것이다.

한 친구가 "좋은 옷을 입고 있는 야생동물"이라고 평가했을 정도로 자유분방한 아가씨였던 앨리스는 조선을 구경하면서 많은 얘깃거리를 남겼다. 한 예를 들면 왕비 무덤의 봉분을 밟고 올라서고 왕비 무덤 경내에 있는 지신상 중에 돌로 만든 말 위에 올라타고 사진을 찍는 등 파격적인 모습을 보여 조선 신민을 당혹스럽게 만들기도 했다.

이 일련의 과정에 대해서는 다음과 같은 의문이 남는다. 당시 조선에는 영어를 할 수 있는 조선인이 있었고 조선어가 가능한 미국인 선교사도 있었으므로 앨리스와의 대화를 통해 대체적인 상황을 파악할 수 있었을 텐데 어떻게 조야가 모두 근거 없는 희망에 들떠 있었을까? 조선은 정보의 가치보다는 직관의 가치를 믿었던 것이라 할 수 있다.

구한말 국제 미아가 된 조선 사대부의 방황

구한말 김옥균을 중심으로 하는 개화당은 일본의 힘을 빌려 개화를 추진하고자 했다. 개화당 주요 인사들은 요시다 쇼인(吉田松陰)과 가까이 지냈던 후쿠자와 유키치(福澤諭吉)와 교유했다. 요시다 쇼인은 정한론(征韓論)의 주창자였다. 따라서 그의 영향을 받은 후쿠자와 유키치는 조선의 개화당을 마음속으로 공감하고 적극 지원할 이유가 없었다. 일본 제국주의를 실천한 이토 히로부미(伊藤博文)와 같은 주요 인사들이

역사가 당신을 강하게 만든다

요시다 쇼인의 문하생이었다는 사실에 비추어 보면 조선 개화당 인사들은 번지수가 잘못되어도 한참 잘못된 곳에서 희망의 빛을 보고 도움을 청한 셈이다. 평소 중화사상에 함몰되어 있던 조선 지배층 사대부들은 일본 내부의 움직임에 너무 어두웠던 것이다.

조선의 사대부들은 청국의 일본공사관 참찬관인 황준헌(黃遵憲)이 쓴 『조선책략(朝鮮策略)』을 보고 비로소 중화사대주의에 입각한 중국 일변도 세계관에서 벗어나게 되었다. 하지만 『조선책략』은 청나라의 관점에서 쓴 책이라 실질적인 도움이 되지 못했고, 조선은 여전히 청나라의 그늘에 머무르면서 서양세력의 관심을 끄는 데 실패해 일본의 식민지로 전락하는 운명을 맞았다.

조선 건국 초기까지만 해도 한 수 아래로 보았던 왜국에게 건국 500년이 지난 시점에서 정복되었다는 것은 조선 조정이 일본을 대상으로 한 정보활동을 전혀 하지 않았다는 사실을 말해준다. 17세기 초부터 19세기 초까지 조선통신사가 일본을 열두 차례 방문했지만 일본의 물질적 측면과 기술적 측면이 일취월장한 것은 보지 않고 윤리적 측면과 문화적 측면의 차이만 보았다. 동성연애, 남녀혼탕 등에는 관심을 보였지만 세계 최대 도시가 된 에도의 번영은 애써 외면했다. 그렇게 눈 뜬 장님이 되어 일본발 위기요인이 축적되는 것을 방치하다가 한일강제합병을 초래한 것이다.

그 이유는 무엇일까? 조선 권문세가의 자손들은 아무런 경쟁이 없었고 능력이 부족해도 벼슬길에 나아가 호의호식할 수 있었으니 일본의 변신을 경계하면서 그로부터 촉발될 수 있는 위험을 생각할 필요가 없었기 때문이다. 일본에서 커지고 있는 위협요인이 눈에 들어올 심리적 공간이 없었던 것이다.

역사가 당신을 강하게 만든다

조선의 불찰로 탄생한 톈진조약

1895년 청나라의 이홍장(李鴻章)과 일본의 이토 히로부미는 톈진조약 (天津條約)을 체결했다. 톈진조약을 전후해 조선에서 지배층이 내린 일련의 의사결정 과정과 내용을 보면 건국이념에서부터 잘못된 조선의 모순된 체계로 인한 한계가 명확하게 보인다.

1392년에 건국되어 500년 이상 지속되다가 1910년에 몰락한 조선왕조는 앞서 언급했듯이 건국 초반과 중반까지는 수준급 국제경쟁력을 지녔으나(예를 들면, 임진왜란 당시 세계 최강인 일본 육군에 대항해 선전한 조선 육군과 세계 수준의 조선 해군, 그리고 세계를 매료시킨 조선 도자기 기술 등) 종반에 급격하게 무너지면서 일본의 식민지로 전락했다. 조선왕조의 몰락을 초래한 직접적인 계기를 분석하는 것은 조선이 파멸한 원인을 이해하는 데 반드시 필요하다.

잔매가 쌓이면 복싱선수의 다리가 풀리고 무너지듯이 수많은 사건들이 조선이라는 건물의 구조물을 하나씩 갉아 내렸는데, 조선 말기에 일어난 사건 중에 조선 붕괴의 결정적 단초를 제공한 사건이 바로 톈진조약이다.

먼저, 톈진조약이 체결되기 전후의 상황을 살펴보자. 조선 조정은 1866년 병인양요, 1871년 신미양요, 1885년 거문도사건을 거치면서 서양 군대의 근대식 화약무기와 근대식 전함을 직접 상대할 기회가 있었다. 하지만 이런 소중한 경험을 국가 발전의 토대로 이용하기에는 조선 지배층의 사고체계가 너무 낡고 경직되어 있었다. 조선 지배층은 서양의 이양선 출현이 어떤 산업적 의미와 기술적 의미를 지니는지 파악할 생각은 하지 않고 이를 단순히 오랑캐의 침략으로 단정해 구식 대포를 마구 쏘아 쫓아내는 데 급급했다.

조선 지배층은 중화세계 질서가 붕괴되는 변화기에 더 이상 국가를 운영할 비전과 능력을 갖고 있지 못했기 때문에 병인양요, 신미양요, 거문도사건이 준 기회를 활용하지 못했다. 조선 조정은 1881년에 이르러서 비로소 근대식 군대인 별기군을 창설했는데 규모가 너무 작고 양반 자제들로만 구성되어 있어 기강이 해이하고 기존의 구식 군대와 갈등구조를 일으키는 문제점을 안고 있었다.

갈등구조는 이듬해 1882년에 지급된 급료를 두고 폭발했다. 13개월이나 밀렸던 급료로 쌀이 지급되었는데 여기에 썩은 겨와 모래 같은 쓰

　　　　　　　　　　　　역사가 당신을 강하게 만든다

레기가 섞여 있었던 것이다. 그렇지 않아도 차별적 대우에 불만을 품고 있던 구식 군대 병사들은 이에 격앙해 폭동을 일으켰다. 이것이 임오군란이다. 임오군란이 일어나자 중전 민씨 일가와 개화파가 죽임을 당하거나 추방되었고, 이 혼란을 수습하기 위해 대원군이 다시 중앙정계에 복귀했다. 그러나 대원군과 사이가 좋지 않았던 고종은 대원군을 견제하기 위해 청나라에 출병을 요청했다(민비가 출병을 요청했다는 설도 있으나 고종의 승인 없이 청군 파병을 요청한다는 것은 상상하기 어려우므로 출병을 요청한 것은 고종이라고 보는 것이 합리적이다). 청군이 한양에 주둔하자 대원군은 청군 군영을 방문했는데 청군의 지휘관 오장경(吳長慶)은 대원군을 그 자리에서 납치해 그날로 청국으로 압송했다. 이에 따라 대원군의 1개월 천하가 끝나고 다시 민비 일파가 부활했다.

　대원군은 자신이 청군 파병을 요청하지 않은 이상 청군이 자신의 반대세력을 지원하기 위해 조선으로 왔다고 전제해야 했다. 따라서 대원군에게 청군 군영은 적진이나 마찬가지였다. 청군의 파병을 요청한 명분이 임오군란이라는 반란을 진압하는 것이었기 때문에 청군 입장에서는 대원군을 반란군의 수괴로 인식되고 있었을 것이다. 그런데도 대원군이 제 발로 청군 군영을 방문한 것은 이해하기 어려운 경솔한 행보였다. 이것은 정보 수집과 분석을 경시하고 직관과 감에 입각해 의사결정을 하는 조선 사대부들의 공통된 약점을 보여주는 것이자, 사대주의에 절은 융통성 없는 사고방식(상국의 군대가 왔으니 예의를 갖춘다는 식)이 초래한 어이없는 결과였다. 오장경이 데려온 청군의 규모가 불과 3000명에 불과했던 점을 감안하면 사실 창피한 일이다.

임오군란의 회오리가 지나간 후에도 청국 군대는 청국 거류민을 보호한다는 구실로 조선에 주둔하면서 내정간섭을 강화했다. 1884년에는 일본과 연계된 개화파가 갑신정변을 일으켰는데, 당시 청국 주둔군과 일본공사관을 지키는 일본군 사이에 교전이 벌어지고 일본 군인과 민간인들이 희생되는 사건이 발생했다. 일본은 청군의 일본공사관 공격이 국제법 위반임을 지적하면서 거세게 항의하고 손해배상과 재발방지 약속을 요구했다. 그 결과 1885년에 맺어진 것이 톈진조약이다.*

톈진조약은 아직 청국이 조선에 대한 종주권을 행사하고 있는 상황이 반영되어 있어 청국이 갑, 일본이 을이라는 느낌을 줄 수도 있다. 하지만 조선에 대한 청국의 종주권을 일부 부정하고 있으므로 일본이 조선을 향한 야욕의 첫 번째 단추를 잘 꿴 것으로 보아야 한다. 체결 장소가 톈진인 것도 일본에게는 상징적 의미가 있었다. 1858년 청국은 부도덕하고 명분도 없는 침략전쟁인 아편전쟁, 정확하게 얘기하자면 제2차 아편전쟁에서 패한 후 톈진에서 서양 열강과 불평등조약을 맺었는데, 이 조

• 톈진조약의 내용은 다음과 같다.
1. 청과 일본은 조선 반도에서 즉시 철수를 시작해 4개월 안에 철수를 완료한다.
2. 청일 양국은 조선에 군사고문을 파견하지 않는다. 조선은 청일 양국이 아닌 제3국에서 1명 이상 수명의 군인을 초치한다.
3. 장래 조선에 출병할 경우 상호 통지한다. 파병이 불가피할 경우에도 속히 철수시켜 주둔하지 않는다.

　　　　　　　　　　　　역사가 당신을 강하게 만든다

약으로 인해 중화세계 질서의 붕괴가 기정사실화되었기 때문이다(1858
년 체결된 텐진조약은 청나라 황제의 반발로 인해 1860년 서양 열강이 북경을
점령한 후에야 비준되었다).

사실 청국은 일본과 텐진조약을 체결하지 않아도 되었다. 하지만 청국
은 멀리 내다보는 눈이 부족했고 무섭게 성장하고 있는 일본의 야욕을 가
벼이 보는 실책을 범했다. 텐진조약의 출발점은 임오군란이었다. 임오
군란으로 인해 청국 군대가 조선에 주둔하자, 일본도 제물포조약을 통해
일본공사관 경비 병력을 조선에 주둔시켰고, 갑신정변 과정에서 양국의
군대가 충돌하는 물의가 빚어져 텐진조약이 체결되었기 때문이다.

텐진조약은 3개항으로 구성되어 있는데, 마지막 제3항의 해석을 두고
청나라와 일본의 입장이 달라 후일 분쟁의 씨앗이 되었다. 제3항은 '장
래 조선에 출병할 경우 상호 통지한다'라는 내용인데, 일본의 출병을 전
제했다는 것은 청국의 종주권을 간접적으로 부정하는 효과가 있었다.
이 조항은 적극적으로 해석하면 어느 일방이 출병하면 상대방도 자동적
으로 출병할 수 있는 권리가 인정되는 것으로 볼 수도 있었다.

이 제3항은 청일전쟁의 빌미를 제공했다. 1894년 갑오농민혁명이 일
어나 농민군이 관군을 격파하고 전주성을 점령하자 놀란 조정에서는 청
국에 파병을 요청했다. 임오군란 당시 고종과 민비 일파를 절체절명의
위기에서 구해준 청군에 도움을 요청한 것은 어느 정도 이해할 수 있으
나 이를 실행에 옮긴 것은 조선의 앞날에 시커먼 먹구름을 몰고 온 잘못

된 결정이었다. 청나라와의 전쟁을 준비하고 있던 일본에게는 드디어 고대해 마지않던 기회가 온 것이어서 일본은 톈진조약을 구실로 조선에 즉각 군대를 보냈다.

그런데 두 나라 군대의 진격로에 차이가 있었다. 청군은 아산으로 상륙한 데 반해 일본군은 인천으로 상륙했던 것이다. 청군의 목표는 조선 조정의 요청대로 농민군을 진압하는 것이었지만 일본군의 목표는 조선을 장악하는 데 있었기 때문이다.

두 나라 군대가 상륙하자 당황한 혁명지도부는 양국 군대의 철수를 요청하기 위해 관군과 화약을 맺었고, 농민군은 해산했다. 하지만 속셈이 다른 두 나라의 군대는 계속 주둔하면서 조선의 내정에 간섭하려 했다. 이로써 조선의 운명은 한 치 앞을 내다보기 어려운 지경으로 몰렸다.

일본군은 결국 조선에 주둔해 있는 청군을 공격한 다음 청나라에 선전포고하고 청일전쟁을 일으켰으며, 청일전쟁에서 승리한 후에는 서양 열강의 지지도 얻어냈다. 이로써 일본은 조선을 손아귀에 넣기 위한 최대의 장애물을 제거하게 되었다.

임오군란, 갑신정변, 동학농민혁명으로 이어지는 일련의 사건에서 조선 조정은 국내 문제를 해결하기 위해 외세에 의존하고 외국군을 불러들이는 비상식적인 과오를 범했다. 청나라는 일본과 톈진조약을 체결하는 실책을 범함으로써 스스로 조선에 대한 종주권을 포기하는 결과를 자초했다. 주도면밀하게 준비해 온 일본은 드디어 조선정벌이라는 최종

역사가 당신을 강하게 만든다

목표에 성큼 다가서게 되었다. 톈진조약은 조선과 종주국 청나라가 범한 과오와 실책의 결과물로, 일본이 국제사회에서 청일전쟁을 정당화할 수 있는 방패가 되었다.

톈진조약을 전후해서 조선 조정이 의사결정한 내용을 보면 모두 한심한 수준이다. 정보의 중요성에 대한 인식이 없어 국제정세에 어두운 우물 안 개구리였으며 왜곡된 중화사대주의에 예속되어 한 치 앞도 스스로 헤쳐 나갈 수 없는 상황이었다.

6

이순신 장군이 위대한 진짜 이유

조선이라는 나라를 이해하는 데 있어 이순신 장군을 빼놓을 수 없다. 이순신은 중앙정부의 도움 없이 개인의 노력만으로 조선이 이룩해 놓은 군사기술을 집대성했다. 이순신은 조선 해군을 세계 수준의 정예해군으로 재탄생시키고 일본 해군을 격파함으로써 임진왜란 당시 조선이 자랑할 만한 군사기술을 역사에 기록하는 데 기여했다. 이순신은 조선의 국가 시스템은 엉망이었지만 조선 백성 개개인의 역량은 꽤 괜찮았다는 사실을 보여주는 좋은 사례이다. 이순신이 없었다면 조선은 일본군에게 유린되었을 것이고 보잘것없는 나라라는 인상이 더욱 고착되었을 것이다.

임진왜란이 일어난 16세기 말 동서양의 해군들이 쓰던 보편적인 전술은 적선을 갈고리로 끌어당긴 후 적선으로 건너가 근접전투를 펼치는 월선(Boarding) 공격 방식이었다. 하지만 이순신은 전함에 장착된 화포를 이용해 원거리타격전으로 적선의 선체를 파괴해 침몰시키는 것을 목표로 삼는 새로운 전투개념을 채택함으로써 해전의 전투 양상을 바꾸었다.

한산도해전에서 펼친 학익진은 조선 수군의 주력전함인 판옥선이 바닥이 평평한 평저선이어서 제자리에서 360도 회전할 수 있는 특성을 최대한 활용한 것으로, 일본 수군 함대를 조선 수군 함포의 화망에 완벽하게 가두었다. 한산도해전 당시 조선 전함들은 일본 함대를 유인해 조선 함대를 추격하게 했다. 일렬종대로 항해하던 조선 전함들은 한산도 앞바다에 이르자 한 척씩 순서대로 좌우로 엇갈려 회전하면서 일본 수군 함대를 에워쌌다. 일본 전함은 바닥이 뾰족한 첨저선이어서 속도는 빠르지만 회전하려면 큰 반원을 그리며 돌아야 해서 시간이 상대적으로 많이 걸리는 약점이 있었다. 한산도 앞바다로 조선 함대를 추격해 오던 일본 함대는 미처 방향을 바꾸기도 전에 양 측면을 조선 함대의 화포에 고스란히 노출시켰고 조선 함대에게 속수무책으로 공격을 당할 수밖에 없었다.

12척의 배로 전함과 병력수송선을 포함해 300척이 넘는 일본 함대를 격파한 명량해전은 이순신 전술을 집대성한 완결판이라 할 수 있다. 우선 좁고 물살이 빠른 명량해협을 전장으로 선택해 300척이 넘는 일본 함대의 기동성과 화력집중도를 낮춘 것부터가 탁월한 작전개념이었다. 조선 전함 12척이 일자진을 형성하자 일본 함대의 화력은 제1선에 나와 있는 일본 전함으로 제한될 수밖에 없었다. 조류의 방향이 일본 함대 쪽으로 바뀌자 일본 함대의 선박들은 좁은 공간에서 빠른 물살에 균형을 잃고 서로 부딪히며 깨져 나갔다. 이순신은 명량해전에서 산탄대포의 일종으로 약 60개의 새알만 한 쇠구슬이 터져 나오는 조란탄을 기존의 포탄과 함께 활용했는데, 일본 함대의 머리 위로 비 오듯이 떨어진 조란탄은 일정 범위의 면적을 덮는 화망을 구성했다. 특히 육군 병력을 가득 태운 수송선에서 일본 병사들의 머리를 관통하면서 일본 함대를 아비규환으로 만들었다.

이순신이 선체를 파괴하기 위해 원거리 화포 타격전을 기획한 데에는 다 이유가 있었다. 일본 수군에는 해적 출신들이 포진한 데다 일본군은 전국시대를 거쳐 근접전투에 단련되었으므로 기존의 월선 공격 방식으로 일본군을 상대하는 것은 자살행위나 다름없었기 때문이다. '지피지기 백전불태(知彼知己百戰不殆)'라는 『손자병법(孫子兵法)』의 가르침은 결국 적의 장점은 무력화하고 아군의 장점은 극대화하는 한편, 적의 약점은 최대한 노출시키고 아군의 약점은 최대한 감추는 것을 의미한다. 이순신은 지피지기 백전불태 원칙에 최대한 충실하고자 노력한 것이라고 할 수 있다.

임진왜란 당시 일본군은 개인 화약무기에서 절대우위를 보인 반면 조선군은 공용 화약무기에서 절대우위를 보였다. 조총의 위력도 대단했지만 조선 화포의 위력과 다양성도 당시 세계 최고 수준이었다. 일본 전함은 첨저선이기 때문에 화포를 앞뒤에만 장착할 수 있지만 조선 전함은 평저선이어서 사면에 모두 화포를 장착할 수 있는 구조였다. 따라서 원거리 화포 타격전에서는 조선 수군이 절대우위에 설 수 있었다. 이순신은 이 절대우위를 철저하게 활용해 일본 수군을 옥죄었던 것이다.

이순신 vs 넬슨

이순신의 위대함을 논하면서 동양의 넬슨에 빗대기도 한다. 영국의 제독 허레이쇼 넬슨(Horatio Nelson)이 훌륭한 제독임에는 틀림없지만 이순신에게 견주기는 어렵다. 넬슨은 트라팔가르 해전에서 프랑스 함대를 물리치긴 했지만, 당시 프랑스의 해군력은 수적으로나 질적으로나 영국의 상대가 되지 못했다. 영국 해군이 승리하는 것은 당연했는데도 넬슨 제독이 트라팔가르 전투에서 승리하고 본인은 전사했다는 극적인 요소가 더해져 영웅으로 숭배되는 측면이 있다.

이순신은 일본 수군에 비해 열등한 위치에 있던 조선 수군을 개조하고 재탄생시킨 후 전술 혁신까지 이루어 일본 수군을 압도했다는 점에서 넬슨과 확연히 구별된다. 이순신 또한 임진왜란의 마지막 해전인 노량해전을 대승으로 이끌고 정작 본인은 전사했으므로 극적인 요소에서도 넬슨에게 뒤지지 않는다.

메이지 시기 일본 해군의 이론가인 사토 데쓰타로(佐藤鐵太郞) 제독은 1927년에 쓴 글에서 "평생을 두고 존경하는 바다의 장수는 서양에서는 네덜란드의 미힐 더 라위터르(Michiel de Ruyter), 동양에서는 조선의 이순신이다. 이순신은 인격이나 장수의 그릇, 모든 면에서 한 오라기의 비난도 가하기 어려운 명장이다. 만일 두 장수 가운데 갑과 을을 정하라고 한다면 나는 의심의 여지없이 이순신을 갑으로 추천하는 바이다. …… 허레이쇼 넬슨이 세계적인 명장으로 명성이 높은 것은 누구나 잘 안다. 그러나 넬슨은 인격적으로나 창의적인 천재성에서 도저히 이순신에게 필적할 수 없다"라고 했다.• 역사상 세계 최고의 해군장수가 이순신이라는 것이다.

한편 쓰시마해전에서 러시아 발틱함대를 전멸시킨 도고 헤이하치로(東鄉平八郎) 제독이 영국 기자와 인터뷰를 가졌는데, 영국 기자가 도고 제독을 동양의 넬슨이라고 치켜세우자 도고가 진정 위대한 동양의 해군 지휘관은 이순신이며 자신은 이순신의 하사관 정도에 불과하다고 말했다는 이야기도 있다. 하지만 이는 만들어진 이야기이며 아무런 근거가 없다는 주장도 있어서 진위 여부를 확인하기 어렵다.

이순신 vs 나폴레옹

이순신과 군사전략가 나폴레옹 보나파르트(Napoleon Bonaparte)를

• 사토 데쓰타로·세키 코세이·오가사와라 나가나리, 『이순신 홀로 조선을 구하다』, 김해경 옮김 (가갸날, 2019).

군인으로서 비교해 보자.

이순신은 앞서 언급했듯이 해전의 전투개념을 근접전을 통한 인명살상에서 원거리 화포 타격전에 의한 선체 파괴로 바꾸었다. 그리고 세계 최초의 장갑선인 거북선을 실전 배치해 돌격선으로 적진을 누비며 대포 발사, 유황연기 분사, 들이받기 등의 공격을 펼침으로써 적군에게 공포심과 함께 많은 피해를 주었다.

나폴레옹은 중앙배치전략(Strategy of Central Position)이라는 새로운 전술을 창안했으며 참모장(Chief of Staff)이라는 개념을 최초로 군대에 도입했다. 중앙배치전략은 수적으로 우월한 적 사이로 파고들어 적군을 둘로 분리하고 빠른 기동력과 화력을 바탕으로 분리된 적을 하나씩 각개 격파하는 전술이다. 이 전략은 많은 전투를 승리로 이끄는 원동력이 되었지만 마지막 전투인 워털루전투에서는 중앙배치전략을 반복해 사용하다가 적군인 프로이센군 사령관 블뤼허에게 작전의도를 간파당하는 바람에 대패하고 말았다.

두 영웅이 군사적 창의력이라는 측면에서 비겼다고 치자. 하지만 나폴레옹은 러시아를 침공하면서 러시아의 청야작전에 말려들어 고전을 면치 못했다. 말을 먹일 풀이 부족해 말이 굶어 죽는 바람에 기병부대가 초반에 와해되어 기동력을 최대한 활용하는 나폴레옹 특유의 전술을 구사하기가 어려웠다. 또한 병참선이 긴 탓에 한겨울에는 피복과 식량이 모자라 동사자, 아사자가 속출하는 등 비전투 손실이 막대했다. 다시 말해서 지휘관으로서 전쟁에서의 병참보급선의 중요성을 제대로 이해하지 못했다고 할 수 있다.

반면 이순신은 병참보급선의 중요성을 너무나 잘 이해하고 있었다. 조세징수 능력을 상실한 중앙정부에 기댈 여지가 없음을 일찍이 인지하고 중앙정부의 지원 없이 현지에서 모든 필요물자를 조달했다. 현지에서 농사를 지어 곡물과 채소를 얻고 어선들에게 통행세를 징수해 해산물을 확보했다. 화약과 화포, 전함도 스스로 제작해 사용했다. 전쟁 와중에 아무런 지원을 해주지 못하는 조정에 필요한 물품을 챙겨서 보내주기까지 했다. 이순신의 위대함은 여기에서 그치지 않는다. 일본군 전체의 병참보급선을 꿰뚫어보고 그 맥을 차단해 일본군 전체의 전쟁 수행 능력을 억제함으로써 전투력을 유지하기 어렵게 만들기도 했다.

그렇다면 이순신이 삼도수군통제사가 된 이후 해군기지인 수군통제영을 한산도에 둔 이유는 무엇일까? 일본군은 조선 내륙으로 깊이 들어온 이후 보급 부족에 시달렸다. 조선이 산악지형이어서 일본군은 조선 의병과 관군의 매복공격에 취약했고 병참보급선을 유지하기도 어려웠다. 따라서 병력과 물자를 서해안을 통해 한양 근방에 상륙시켜 일거에 조선을 장악해야 승부를 끝낼 수 있었다.

조선의 입장에서 볼 때 일본 수군의 서해안 기동을 사전에 탐지하고 격멸하기 위한 최적의 해군기지가 바로 한산도였다. 함경도까지 진출했던 일본군이 결국 남해안으로 후퇴해 농성했던 이유는 조선 수군이 한

역사가 당신을 강하게 만든다

산도에 버티고 있는 한 서해안을 따라 해상으로 병력과 물자를 보내는 것이 불가능했기 때문이다.

이순신이 굳이 부산포의 일본 수군을 공격하지 않은 이유도 여기에 있다. 일본이 부산에 병력과 물자를 내려놓더라도 육로로 한반도 내륙 깊숙이 진출하기는 어려웠기 때문이다. 부산포를 공격하지 않았다는 이유로 파직된 이순신의 뒤를 이어 부임한 원균은 무리하게 부산포를 공격하려다 칠천량해전에서 전멸에 가까운 참패를 당했다. 칠천량해전에서 승리를 거둔 일본은 비로소 수륙병진책, 다시 말해서 남해안에 웅거하던 육군을 북상시킴과 동시에 수로로 대규모 병력과 물자를 한양에 상륙시키는 작전구상을 실행에 옮겼다[첨언하자면 임진왜란 개전 초기에 선봉장으로 평양성을 점령한 고니시 유키나가(小西行長)는 곧바로 요동으로 진격해야 한다고 주장했다. 하지만 조선원정군 사령관 우키다 히데이에(宇喜多秀家)는 수군이 서해안에 상륙하길 기다렸다가 요동으로 진격하자고 했는데, 일본 수군이 이순신 함대에게 저지되었던 것이다]. 그러나 300척이 넘는 함선에 대규모 병력과 물자를 실은 일본 함대가 명량해전에서 이순신이 이끄는 12척의 함대에게 일방적으로 두드려 맞고 물러서는 바람에 일본의 의도가 좌절되었고 임진왜란은 사실상 종결되고 말았다.

이순신의 위대함이 여기에 있다. 전쟁의 양상과 흐름을 꿰뚫어 보고 적의 병참보급선을 제압할 수 있는 요충지를 장악했던 것이다. 세키 코세이(惜香生)는 1892년에 발간한 이순신 전기에서 "후세의 누군가가 이순신을 위해 붓을 쥐게 된다면 조선의 운명은 이순신 덕분에 회복될 수 있었고 이순신의 용기와 지략은 류성룡 덕분에 세상에 드러날 수 있었다고 기록해야 할 것"이라며 이순신의 역할을 높이 평가했다.[•]

이순신은 나폴레옹 보나파르트보다 한 수 위의 지휘관이라고 할 수 있다. 꼼꼼하기로 유명한 일본군도 태평양전쟁 당시 버마의 임팔전투에서 공격작전을 수행하면서 공격정신만 강조하고 병참보급선을 확보하지 못해 병력의 우위에도 불구하고 참담한 패전을 감수해야 했다. 전쟁은 병참보급이 충분하다고 해서 반드시 이기는 것은 아니지만 병참보급에 애로가 있으면 반드시 패배한다.

이순신의 위대함은 인재 등용에서도 찾을 수 있다. 이순신은 양반이 아닌 자들도 군관으로 등용하는 파격을 보였다. 사실 국난을 극복하는데 신분의 차이가 중요할 리 없다. 이순신은 무과급제시험을 주관할 수 있는 권한을 조정으로부터 위임받고 출신에 관계없이 무예가 뛰어나면 군관으로 선발했다. 천민도 공을 세우면 군관이 될 수 있으니 조선 수군의 사기는 하늘을 찔렀을 것이고 이것이 명량해전을 치르는 과정에서 어려운 상황도 합심해서 극복하고 최종 승리를 쟁취하는 원동력이 되었을 것이다.

또한 이순신은 운주당(運籌堂, 현재 한산도에 제승당이 있는 자리)이라는

• 사토 데쓰타로·세키 코세이·오가사와라 나가나리, 『이순신 홀로 조선을 구하다』.

　　　　　　　　　　　　　역사가 당신을 강하게 만든다

건물을 짓고 장수와 사병 구별 없이 전투방식에 대한 아이디어를 24시간 자유롭게 개진하는 것을 허용했으며, 이 과정을 통해 중지를 모았다. 엄격한 신분사회에서 지위고하를 막론하고 원활한 소통을 위한 개방공간을 마련한 것은 이순신이라는 인물의 크기를 잘 말해준다.

　이순신이 전투에서 승리할 수 있었던 요건은 우월한 화력의 확보와 효율적인 운용, 병참보급선 확보, 장졸 간 신분을 넘어선 일체감이었다고 할 수 있다. 이는 현대 전쟁에서 승리하기 위한 요건과 크게 다르지 않다. 이순신은 실로 시간과 장소를 초월한 위대한 장군이라고 하지 않을 수 없다.

7

식민지근대화론의 허구성

임진왜란까지의 조선과 임진왜란 이후의 조선은 전혀 다른 사회가 되었다. 임진왜란 이후 조선은 급속하게 와해되기 시작했다. 개국 이래 최대의 시련을 겪고 난 후 무너져 내린 나라를 다시 세우는 데 실패했기 때문이다. 물질적인 측면이 문제가 아니라 정신적인 측면에서 실패했다. 국가 구성원이 공유해야 할 가치체계를 정립한다는 면에서 나라를 다잡지 못했던 것이다.

그 실패의 중심에는 재조지은(再造之恩)이라는 잘못된 구호가 자리하고 있었다. 재조지은의 망령에 사로잡힌 조선 조정은 국난을 극복하기 위해 목숨 바쳐 싸운 조선 신민의 공은 애써 무시하고 오로지 명나라 황제가 보낸 천병(天兵)의 활약으로 조선이 멸망의 위기에서 벗어났다는 궤변을 늘어놓았다. 전쟁 준비를 소홀히 한 책임을 회피하는 데 급급한 조선 조정이 조선의 정기를 심각하게 훼손하고 국가의 기강을 송두리째 흔들어놓았던 것이다. 이로써 불행한 종착점을 향한 조선의 긴 표류가 시작되었다.

임진왜란 이후 조선 백성과 조선 조정은 정신적으로 완전하게 분리되었다고 보아야 한다. 그나마 광해군이 재조지은의 망령에서 벗어나 현실에 입각한 외교정책을 쓰며 명나라와 만주족 사이에서 조선의 입지를 얻기 위해 안간힘을 썼지만, 광해군마저 제거되면서 임진왜란의 깊은 상처가 채 아물기도 전에 병자호란이라는 상처가 더해지며 끝없는 나락으로 떨어지게 되었다.

국가가 온전하게 유지되려면 국가의 가치체계가 제대로 정립되어야 하고 구성원의 헌신이 제대로 인정되어야 한다. 구성원 일부의 이익을 위해 가치체계를 왜곡하고 구성원의 헌신을 차별적으로 인정하거나 무시한다면 국가가 존립할 수 없다. 조선 지배층에게는 이러한 문제의식이 없었다. 임진왜란을 기점으로 해서 조선 지배층은 국가를 경영하는 인재집단이라는 개념이 아니라 기득권을 맹목적으로 수호하려는 패거리집단이라는 개념이 더 어울리는 한심한 집단으로 전락했다.

조선은 출발점에서 보면 세계 수준의 선진국이었지만 사농공상이라는 신분질서로 인해 산업 기반을 형성하기 어려웠던 데다 대외무역 금지로 물질적으로 빈곤해질 수밖에 없는 태생적 한계를 지니고 있었으므로 시한부 국가였다고 할 수 있다. 19세기에 들어서 잦은 민란이 일어났지만 백성의 불만을 조직화할 수 있는 세력이 없어서 허약한 왕조의 숨통을 끊지는 못했다. 앞서 언급한 것처럼 조선 조정은 새로운 세력의 출현을 극도로 경계해 새로운 세력을 견제하는 데 성공했기 때문이다. 동학교가 처음으로 의미 있는 세력을 형성했지만 외세의 개입으로 좌절되었다.

조선의 잘못 설정된 건국이념은 선진국이던 초기 조선을 점차 쇠락시켜 한 수 아래로 낮춰보던 일본의 식민지로 만드는 실로 어이없는 결말을 초래했다. 미국의 건국이념은 보잘것없던 농업 위주의 영국 식민지를 세계 최고의 산업대국으로 만들었고 식민지 시절 종주국이던 영국을 제치고 세계의 리더로 발전시켰다. 따라서 조선의 건국이념과 미국의 건국이념을 분석해 비교한 후 어떤 차이가 있는지, 그 차이가 어떤 결과를 초래했는지 철저히 분석해야 한다. 그리고 그 차이에서 도출되는 교훈을 오늘날 대한민국의 국가정체성을 결정하는 데 반드시 반영해야 한다.

식민지근대화론은 궤변이다

조선이 잘못된 건국이념과 재조지은이라는 왜곡된 중화사대주의, 그리고 노블레스 오블리주의 부재로 인해 망국의 길로 가는 것이 필연적이었다고 해서 일본의 식민지 지배가 정당화되고 식민지근대화론의 궤변성이 치유되는 것은 아니다. 식민지근대화론의 허점은 조선 근대화의 주도권(ownership)이 일본에게 있었다는 사실을 간과한다는 점이다. 일본에게 주도권이 있었으니 조선 근대화는 일본의 이익을 극대화한다는 목표를 위해 설계되고 추진될 수밖에 없었다.

일본이라는 국가가 자선단체가 아닌 이상, 청일전쟁과 러일전쟁을 통해 막대한 인명 손실과 전비 지출을 감수하고서 쟁취한 조선을 일본 입맛에 맞게 요리하는 것은 지극히 당연하고 상식적인 일이다. 식민지근대화론은 1910년 한일강제합병 때와 1945년 독립 때의 수치와 제도를 객관적 증거라고 강조하면서 일본이 조선을 식민지화해 조선의 근대화에 기여했다고 주장한다. 그러나 학문 방법론으로 볼 때 1910년과 1945년을 단순 비교하는 것은 과학적인 접근방식이 아니다. 조선이 1910년부터 단독으로 근대화를 추진했을 경우 1945년까지 낼 수 있는 성과와 실제 1945년의 성과를 비교하는 것이 과학적인 접근방식이다.

1910년부터 조선이 단독으로 주도권을 갖고 근대화에 나섰을 경우 이룩할 수 있었던 성과를 추정하기는 쉽지 않다. 다만, 1899년 5월에 동경(1903년)보다 경성에 먼저 전차가 들어와서 운행되었고, 에디슨이 전구를 발명하고 에디슨 램프회사를 세운 지 불과 6년 만인 1888년에 경복궁 내의 건청궁에 전구를 밝힌 점 등을 감안하면 조선 단독으로도 많은 성과를 냈을 것이라고 보더라도 크게 틀리지 않을 것이다. 성리학의 오랜 잠에서 깨어난 조선이 고려 말 조선 초기의 총기를 회복하면서 개화의 필요성과 긴급성을 인식하고 막 속도를 내려던 순간에 일본의 식민지로 전락해 일을 그르친 것이라고 보아야 하기 때문이다.•

1894년부터 1897년까지 조선의 격동기에 조선을 여러 차례 방문하고 『조선과 그 이웃 나라들(Korea and Her Neighbors)』이라는 책을 저술한 영국의 여행가이자 지리학자 이사벨라 버드 비숍(Isabella Bird Bishop)은 조선의 지배층에 대해서는 실망했지만 조선 사람이 다른 동양인보다 잘생기고 똑똑한 민족이라고 평하면서 미래의 가능성을 보았다고 술회했다. 1960년대 초부터 30여 년간 정진해서 세계 10위권의 경제대국을 이룩하며 민주화까지 일구어낸 저력이 있는 민족이라는 점도 식민지근대화론을 평가할 때 고려되어야 한다.

설사 조선이 단독으로 이룬 근대화가 일본 제국주의가 1945년까지 이룬 성과에 미달한다고 해도 식민지근대화론이 옳은 것은 아니다. 근대화에서는 목표와 방향성이 중간 실적보다 중요하다. 따라서 1945년 당시에는 일본 주도의 근대화가 조선의 독자적인 근대화보다 성과가 높았을 수도 있지만 '일본의, 일본에 의한, 일본을 위한 조선 근대화'는 언젠가는 명백한 한계에 부딪혔을 것이다.

이는 종속이론(Dependency Theory)을 원용해 설명하면 명쾌해진다. 종속이론에 따르면, 중심국(Core)과 주변국(Periphery)의 관계에서 주변

• 이태진, 『동경대생들에게 들려준 한국사』(태학사, 2005)에서 인용. 이 책에는 조선의 자주적인 근대화 노력이 잘 설명되어 있다.

역사가 당신을 강하게 만든다

국은 중심국의 원료 공급 기지이자 소비시장 역할을 하면서 수준이 낮은 산업을 갖게 되고 고도 산업화는 중심국에서만 가능해진다. 종속이론이 일반적으로 모든 경우에 적용되는지에 대해서는 논란의 여지가 있겠으나, 적어도 식민지와 종주국 사이에서는 100% 적용된다고 보아야 한다. 조선은 일본의 쌀 생산기지이자 소비시장 역할을 해서 경공업만 발전했고 중공업은 모두 일본 본토에 있었다. 일본으로서는 조선에서 고도산업화를 이룰 아무런 이유가 없었다.

식민지근대화론은 요시다 쇼인이 주창한 정한론에 뿌리를 두고 있다. 야만상태에 있는 조선을 점령하고 일본의 식민지로 만들어야 한다는 정한론을 지지하지 않는 한 식민지근대화론에 동조하기 어렵다. 다시 말해서 조선인은 야만인이므로 혼자서 할 수 있는 것이 없다는 관점을 신봉하는 사람이 조선을 정복해서라도 개화시켜야 한다는 정한론을 지지하게 되고, 종국적으로는 식민지근대화론을 신봉하게 된다.

조선이 비록 임진왜란과 병자호란을 겪으면서 이렇다 할 발전 없이 답보상태에 머무르고 있었지만, 앞서 언급했듯이 고려 말 조선 초기에는 세계 최초라는 수식어가 붙는 하드웨어와 소프트웨어를 대거 보유하고 있었다. 우리 민족의 창의성은 세계 수준이었다. 20세기 초 조선은 존중받을 만한 근대문명을 가진 나라는 아니었지만 남의 나라 손을 빌리지 않고는 아무것도 못하는 야만국도 결단코 아니었다.

식민사관도 같이 극복해야

식민지근대화론도 극복해야 할 대상이지만 일제의 의해 조작된 식민사관도 반드시 극복해야 한다. 식민지근대화론과 식민사관은 동전의 앞뒤와 같기 때문이다. 식민사관은 조선의 역사가 한나라 식민지 시절에서 비롯된다는 관점에서 출발하기 때문에 일제의 식민통치를 정당화하고 미화하는 학문적 근거라고 할 수 있다.

일제는 일본의 역사학자들을 동원해 한국의 역사를 식민지의 역사로 둔갑시킴으로써 조선 사람들에게 체념의 정서를 주입하려 했다. 한반도 중북부는 한나라의 식민지, 남부는 임나일본부가 식민 지배하던 곳으로 끼워 맞췄다. 한민족이 만주의 주인이었던 사실을 은폐하기 위해서는 한사군의 위치를 한반도 내부로 비정해야 했는데, 이를 위해 사료의 조작도 서슴지 않았던 게 아닐까 하는 의심이 든다.

그 대표적인 예가 점제현신사비가 발견된 위치를 조작했을 가능성이다. 1914년 평안도 용강에서 일제 역사학자 이마니시 류(今西龍)가 점제현신사비를 발견했다. 점제현은 낙랑군에 속한 25개 현 중의 하나이므로 낙랑군이 평안도에 있었다는 역사적 증거로 볼 수 있다. 한사군이 한반도 안에 있었다는 결정적인 사료로 받아들여지는 점제현신사비는 발견 과정에 석연치 않은 문제가 있다고 역사학자 이덕일은 주장한다.

이덕일의 견해는 크게 두 가지이다. 첫째, 점제현신사비는 사람이 많

역사가 당신을 강하게 만든다

이 다니는 평야의 온천지대에 세워진 사람 키 정도 되는 비석인데, 이 비석이 2000년 동안 발견되지 않다가 일본 역사학자에 의해 갑자기 발견되었다는 것이 이해가 되지 않는다. 둘째, 게다가 비석에 쓰인 화강암의 성분이 인근 지역의 화강암과 큰 차이가 있고 비석 하단에 시멘트를 사용한 흔적이 있어 인위적으로 급하게 세운 것으로 추정할 수 있다. 다른 지역에서 발견된 비석을 옮겨왔다는 의심을 받기에 충분하다.• 이익은 『성호사설(星湖僿說)』에서 낙랑군이 요동에 있었다고 설명한 바 있다.

해방이 되고 나서도 일제의 식민사관이 아무 비판 없이 정설로 받아들여진 이유를 차분하게 규명할 필요가 있다. 더욱 큰 문제는 평양 이북이 중국 땅이었다고 주장하는 중국의 동북공정과 일제식민사관의 이해관계가 서로 맞아 떨어진다는 사실이다. 힘에 의해 우리 민족의 역사 공간이 축소 왜곡될 수 있는 것이다.

식민사관을 극복하려면 한문과 중국어, 일어에 정통한 연구 인력이 대거 양성되어야 하는데 현실은 아득하기만 하다. 정부가 크게 각성하고 나서야 할 분야이다.

• 점제현신사비에 관한 자세한 내용은 이덕일, 『한국사 그들이 숨긴 진실: 이덕일의 한국사 4대 왜곡 바로잡기』(역사의 아침, 2009) 참조.

제 3 장

전략적 사고를 위한 역사 다시 읽기

논쟁이 필요한 역사적 사건에 관한 질문

국가와 민족의 갈 길을 항도하는 지도층은 전략적 사고능력을 갖추고 있어야 한다. 그러나 전략적 사고능력을 기르는 훈련을 받을 기회는 그리 많지 않다. 역사수업이 전략적 사고능력을 배양하는 거의 유일한 길이라고 할 수 있다.

역사는 반복되기 때문에 역사를 제대로 배워야만 현재와 미래에 일어나는 중대한 의사결정을 위한 팁을 얻을 수 있다. 특히 논쟁거리가 되는 역사적 사건을 두고 누가 잘했는지, 어떤 아쉬움이 있는지 토론하는 것은 큰 의미가 있다. 그런 의미에서 불행한 역사와 불편한 진실은 더 철저히 파헤쳐야 한다. 불행한 역사를 소홀히 하고 불편한 진실을 감추는 것은 전략적 사고능력을 오히려 위축시킨다.

흔히 민족의 자긍심을 고취하기 위해 역사의 밝은 곳만 비추기 쉽다. 하지만 정작 중대한 역사적 고비에서 도움이 되는 것은 자긍심이 아니라 어두운 역사로부터 냉철한 교훈에 입각해서 추출한 전략적 사고능력이다. 역사의 어두운 곳을 모른 채 전략적으로 사고하는 것은 불가능하다. 실패한 역사가 성공한 역사보다 훨씬 더 좋은 스승이다.

우리 역사에는 논쟁거리가 되는 사건이 여럿 있다. 역사적 고증을 통해 서술된 역사의 내용이 상식에 100% 부합되지 않는 경우가 있기 때문이다. 이러한 논쟁거리는 전략적 사고능력을 배양하는 데 더없이 좋은 교과서 역할을 할 수 있다. 논쟁거리에는 다양한 견해와 접근법이 제시되므로 이를 서로 토론하는 과정에서 사고의 폭과 깊이가 확장되고 세상과 사물을 보는 시야가 넓어지기 때문이다.

역사는 기본적으로 승자의 기록이다. 그렇기 때문에 반드시 사실과 부합되게 기록된다는 보장이 없다. 승자에 의해 왜곡되고 경우에 따라 누락된 역사의 실체적 진실을 찾아내는 것은 역사학자의 몫이다. 그러나 역사 기록의 진실성에 대해 의문을 제기하는 일까지 역사학자가 독점할 필요는 없다. 역사를 생산하는 역사학자나 역사를 소비하는 일반 국민 모두 의문을 제기할 수 있다. 가전제품의 문제점을 찾아내고 그 제품의 기능을 개선하거나 추가하기 위해서는 생산과정에 참여한 기술자뿐 아니라 일반 가정주부도 의견을 낼 수 있는 것과 마찬가지라 할 수 있다.

필자는 역사 소비자의 입장에서 몇 가지 의문과 나름의 의견을 제시하고자 한다. 필자가 의견을 제시하는 이유는 필자의 생각이 옳다고 생각하기 때문이 아니라 옳은 답을 찾기 위한 생각의 루트를 개척하는 데 필자의 의견이 물꼬를 틀 수 있기를 희망하기 때문이다.

1

고구려는 왜 백제의 위기를 외면했을까

논쟁이 필요한 역사적 사건으로는 먼저 백제가 멸망할 당시 고구려가 아무런 도움을 주지 않았던 일을 들 수 있다. 660년 백제가 나당연합군으로부터 공격을 받았을 때, 멀리 일본에서조차 사태의 심각성을 파악하고 백제계 여자 천황이던 고교쿠 천황(皇極天皇)이 직접 원군을 이끌고 백제로 향했다. 그러나 군사동맹을 맺고 있던 고구려가 군대를 움직여 절체절명의 위기에 빠진 백제를 도왔다는 기록은 없다. 왜 그랬을까?

고구려 지배층의 내부 사정이 복잡해서 원병을 보내지 못했다는 설명이 일단 가능해 보인다. 하지만 연개소문이 연로한 탓에 그의 동생과 아들들이 권력투쟁이 벌이고 있었다는 이유로 원병을 보내지 않은 이유를 100% 설명할 수 있을까? 백제가 고구려의 숙적인 당나라의 군대에게 멸망당하면 고구려의 남쪽 국경이 당나라 군대에 노출될 뿐 아니라 당나

역사가 당신을 강하게 만든다

라 군대의 해상 보급과 육상 보급이 쉬워지고 필요하면 당나라 군대가 신라로부터 인원과 물자를 얻게 된다. 그렇게 되면 당나라 군대의 전투력이 크게 강화되므로 고구려의 안위가 위태로워질 수 있었다. 수나라와 당나라가 고구려를 공격했을 때 가장 큰 애로는 보급선이 긴 탓에 보충 병력과 식량을 확보하기 어려우므로 전투가 장기화되면 퇴각할 수밖에 없다는 점이었다. 현대전에서도 아무리 전투능력이 탁월해도 식량과 탄약, 그리고 연료가 없으면 전투를 치를 수 없다. 7세기였던 당시에도 식량과 화살이 충분히 공급되지 않으면 전투를 치르기 어려웠다.

당나라가 백제를 점령한다는 것은 고구려 정벌의 최대 애로인 보급문제를 해결한다는 것을 의미했기 때문에 고구려는 국력을 총동원해서 백제 구원에 필사적으로 나서야 했다. 그런데 그러지 않고 나당연합군이 백제를 정벌해 멸망시키는 것을 지켜만 보았다. 그 결과 8년 후인 668년에 고구려는 나당연합군의 공격을 받아 멸망하고 말았다.

고구려가 백제를 구원해야 하는 이유는 또 있었다. 백제가 건재하면 당나라가 수로를 이용해서 평양을 공격하는 것이 어려워진다. 백제는 수군이 강하기 때문에 백제 수군이 고구려와 협력하는 한 함부로 수로를 이용해서 공격하기는 어렵다. 또한 고구려를 공격하는 당나라에게 신라가 병력과 양곡을 지원할 경우 백제가 육상루트를 차단할 수 있다. 백제가 멸망하지 않았더라면 668년에 신라가 평양성을 공격하는 당군에게 대규모의 병력과 식량을 지원하기 어려웠을 것이고, 그랬다면 당군에게 점차 불리한 상황이 전개되어 승패를 예측하기 어려웠을 것이다. 신라군의 가세로 병력 보충과 식량 보급에 어려움이 없어진 덕분에 승리의 추가 당나라 쪽으로 기울었다고 보아도 틀리지 않을 것이다.

그럼에도 불구하고 고구려가 백제를 돕지 않은 이유는 무엇일까? 정말로 궁금해진다. 고구려가 백제를 돕지 않은 이유는 네 가지로 추론할 수 있다.

첫째로는, 당나라의 양동작전에 넘어가 군사력을 요동 쪽으로 집중하는 과정에서 미처 백제에까지 손을 쓸 수 없는 상황으로 몰렸을 수 있다. 논리적으로 가장 가능성이 높다. 당나라 군대가 먼저 요동에서 전면전을 시도하는 것처럼 위장해 고구려군의 주력을 유인하고 고구려가 대응하기 위해 군대를 소집해 요동 방면으로 출병한 틈에 나당연합군이 백제를 기습 공격했다고 보는 시나리오이다. 당시 군대가 이동하던 속도와 백제와 고구려 사이에 신라가 있어 지리적으로 단절되어 있었던 상황을 감안하면 양동작전에 걸려든 고구려가 돕고 싶어도 백제를 적시에 돕기 어려웠을 것이다. 특히 소정방(蘇定方)의 군대가 평양으로 진격한다고 헛소문을 내고 평양 쪽으로 항로를 잡았다가 갑자기 방향을 틀어 백제로 향했다면 기습이 가능했을 것이다.

둘째, 고구려 조정이 뒤늦게 백제의 상황을 알게 되었을 수도 있다. 당시에는 신라가 한강유역을 차지하고 있어 백제에서 고구려로 가는 사신들은 육로를 이용해서 평양으로 접근하기가 어려웠다. 해상으로 가더라

역사가 당신을 강하게 만든다

도 당나라 군대가 선제적으로 해상봉쇄에 나설 경우 고구려까지 가기가 쉽지 않았을 것이며 이를 돌파하더라도 시간이 걸렸을 것이다. 그러나 이 가능성은 낮아 보인다. 나당연합군의 침공 사실이 멀리 왜국에까지 전해졌는데 고구려가 몰랐을 리는 없다. 육로가 막혀 있었다면 비둘기를 이용한 통신도 가능했을 것이다.

셋째, 고구려 조정이 백제의 구원 요청을 받고도 안이하게 판단했을 수 있다. 백제 없이 고구려 혼자서도 능히 자국을 지켜낼 수 있으므로 국내 정국이 어수선한 상황에서 굳이 백제에 구원병을 보낼 필요는 없다고 오판했을 수 있다. 이 경우 고구려 조정은 신라와 당나라가 연합해서 상대해 올 때는 그 힘의 크기가 단순한 둘을 더한 차원이 아니라 엄청난 시너지 효과를 일으킨다는 사실을 간과했을 것이다.

백제를 멸망시킨 당군은 이어서 고구려의 평양을 공격했으나 고전 끝에 662년에 일단 물러났다. 소정방의 당군이 평양을 공격하다가 식량이 떨어져 곤경에 빠졌을 때 김유신은 고구려 국경을 돌파해 대규모의 양곡을 당군에 보급해 주었고, 이로써 당군은 궤멸의 위기에서 벗어나 퇴각할 수 있었다.* 662년 김유신의 식량수송 작전이 성공한 것은 668년 고구려 정벌의 성공을 예약한 것이라고 할 수 있다. 당나라로서는 고구려 원정의 아킬레스건인 식량보급 문제를 해결할 수 있는 방안이 도출

• 이상훈, 『전략전술의 한국사』(푸른역사, 2014), 제2장에서 인용.

되었기 때문이다. 즉, 당군과 신라군이 시너지 효과를 일으켜 식량보급로를 확보하기 어려웠던 당군의 아킬레스건을 완벽하게 방호했고, 그 결과 고구려의 운명은 풍전등화가 되었다. 고구려 조정이 이 사실을 놓쳤을 가능성이 있다.

넷째, 고구려가 생각한 것보다 훨씬 더 빨리 백제가 붕괴되어 미처 손쓸 시간이 부족했을 수 있다. 백제가 이길 수도 있었고 최악의 경우라 하더라도 어느 정도의 기간은 버틸 수 있다고 믿었는데 의외로 쉽게 무너졌을 가능성은 없었을까? 이 의문에 대한 열쇠를 쥐고 있는 인물은 웅진성 방어를 책임지고 있었던 백제장군 예식이다(예식진으로 알려져 있기도 하다).

예식은 이후 당나라의 대장군으로 임명되어 수도방위를 책임지는 요직을 맡았다. 당나라에서 이렇다 할 전공을 세우지도 않았던 인물이 어떻게 대장군이 될 수 있었을까? 『구당서(舊唐書)』에는 "웅진성 장군 예식이 의자왕과 함께 항복했다(其大將禰植 又將義慈來降)"라고 기록되어 있어 항복의 주체가 의자왕이 아닌 예식으로 되어 있다. 예식 장군이 반란을 일으켰을 가능성이 있는 것이다. 신채호 선생도 『조선상고사(朝鮮上古史)』에서 부하의 배신으로 의자왕이 묶여 항복했다고 한 점을 보면 백제에 예상하지 못한 변고가 있어서 고구려가 미처 손을 쓰지 못했을 가능성이 있다. 2006년 시안(西安)에서 발견된 예식진의 묘지명에는 한나라와 싸웠던 흉노의 왕자로서 한나라 조정을 섬기고 투후(秺侯)에 봉

역사가 당신을 강하게 만든다

해졌던 김일제(金日磾)를 지칭하는 듯한 일제(日磾)라는 문구가 있어 이러한 심증을 보강한다. 중국에서는 김일제가 이민족으로서 한족의 왕조에 충성한 대표적인 인물로 인식되고 있기 때문이다. 김일제가 한나라를 위해 공을 세웠듯이 예식진도 당나라에 크게 기여했다는 뜻으로 보인다. 그러나 묘지명에 나와 있는 이름 예식진과 구당서의 웅진성주 예식이 동일 인물이라고 100% 단정지을 수 없어 논란의 여지가 있었다.

예식의 배신에 관한 논란은 2010년 예식의 손자인 예인수의 묘지명이 발견되면서 논란의 종지부를 찍었다. 제주대학교 김영관 교수에 따르면, 예인수의 묘지명에는 '할아버지가 의자왕을 붙잡아다 중국 황제 고종에게 바쳤다'라는 노골적인 표현이 들어 있고, 예식진과 예식이 동일한 인물임을 보여주는 내용이 들어 있다고 한다. 그간 예식이 배신을 했다는 주장에 대해 반론을 제기하던 가장 큰 근거는 구당서의 예식과 묘지명의 주인공 예식진이 동일한 인물이라는 증거가 없다는 것이었는데 이 사실이 입증된 것이다. *

여기서 짚고 넘어갈 것은, 『삼국사기』 기록의 신뢰성이다. 『삼국사기』에서는 의자왕은 전세가 불리해지자 자진해서 항복한 것으로 기술하고 있다. 김영관 교수의 연구결과에 따른다면 『삼국사기』에 기록된 백제 멸망에 관한 내용은 수정되어야 마땅하다.

• 김영관, 「중국 발견 백제 유민 예씨 가족 묘지명 검토」, ≪신라사학보≫ 제24호(2012년 4월).

역사는 승자의 기록이다. 역사를 승자의 왜곡과 과장에서 해방시키는 일은 쉬운 과업이 아니다. 그러나 왜곡과 과장의 가능성을 상정하고 끝없이 진실을 추구해야 한다. 그런 의미에서 김영관 교수의 학문적 업적은 큰 울림으로 다가온다.

자료를 살펴보면 백제부흥군이 활약하던 661년부터 664년까지 왜국에서 지원군이 온 기록은 있지만 고구려 지원군이 직접 개입한 기록이 없으며 백제 부흥 운동 기간 중 고구려가 신라를 공격한 기록만 있다. 고구려 조정은 어떤 이유에서인지 몰라도 처음부터 백제를 지원하지 않기로 결정한 것으로 보는 것이 일견 타당해 보인다. 양동작전에 말렸더라도 속은 것을 알고 나서는 즉시 도와야 했으며, 백제가 너무 빨리 무너졌더라도 백제의 잔존 저항세력과의 연계를 적극적으로 도모했어야 했다. 고구려 조정이 지나친 낙관론에 빠져 상황을 오판하고 고구려 혼자의 힘으로 생존이 가능하다고 판단했다고 보아도 크게 틀리지 않을 것이다. 외교력을 발휘해 당나라와 평화롭게 공존할 수 있으며, 당나라가 굳이 쳐들어오면 과거처럼 격퇴시키면 된다고 판단했을 가능성은 충분하다. 당나라의 고구려 정벌의지와 신라와 당나라가 협공할 때의 시너지 효과를 과소평가했던 것이다.

한편 광개토대왕 시절, 신라는 가야국과 왜국의 연합군으로부터 공격을 받아 멸망 직전까지 이르렀다가 고구려 원병의 도움으로 사직을 지켰던 전례가 있으므로 신라가 당나라와 연합해 고구려를 공격할 가능성

역사가 당신을 강하게 만든다

을 낮게 보았을 수도 있다. 은혜를 입었던 신라가 설마 자신들을 공격하겠느냐고 안이하게 생각했을 수도 있는 것이다. 그러나 고구려도 멸망한 나라여서 왕조의 마지막 역사를 자세히 기록해 둔 자료가 없기 때문에 진실이 무엇인지는 알 수 없다.

아쉬운 것은 고구려 조정이 평소에 여러 가지 가능성을 놓고 전쟁연습(War Game)을 열심히 했더라면 나당연합군이 백제를 공격하는 시나리오도 연습했을 것이고, 연습 결과에 따라 즉시 개입할 필요성을 인식할 경우 자동적으로 개입하는 것으로 정형화했을 것이라는 점이다. 그랬다면 고구려 조정이 고구려 남쪽 국경에 기동타격대 성격의 기병부대를 배치하거나 남쪽 특정 항구에 오늘날의 해병대에 해당하는 병력과 선박을 대기시켜 놓았을 것이다. 고구려가 잠시 권력문제로 시끄럽더라도 대규모 병력을 신속히 개입해 나당연합군에 함께 대항했더라면 백제의 운명은 바뀌었을 것이고 고구려의 사직도 건재했을 것이다. 고구려가 백제부흥군을 적극 지원하기만 했어도 나당연합군의 의도는 좌절되었을 것이다.

어려운 상황을 미리미리 가정하고 대비하는 것은 국가뿐 아니라 기업과 개인에 이르기까지 생존을 위해 반드시 필요한 일이다. 고구려나 백제가 당나라와 신라에 첩자를 충분히 유효하게 운용했더라면 소정방 군대의 대규모 기동과 소정방 군대의 최종 목적지를 알아차리고 미리미리 대비할 수 있었을 터인데 아무래도 방심했던 것 같다. 더욱 결정적인 실책은 설마 신라가 이민족인 한족을 끌어들여 삼국 간의 분쟁을 해결할 것이라고는 전혀 상상하지 못했을 수 있다. 쥐도 궁지에 몰리면 고양이를 문다고 했다. 신라는 고구려와 백제가 동맹을 맺자 둘이 합동해 신라를 공격할 가능성에 대해 늘 불안에 떨었을 것이고 당나라에 매달릴 수밖에 없었을 것이다.

신라의 불안에 대해 고구려가 맏형으로서의 역할을 더 했어야 했는데 이 점이 아쉽다. 고구려는 요동지역을 확보하는 데 최우선순위를 두었을 것이고 신라와 백제처럼 한강유역의 중요성을 체감하지도 않았을 것이다. 어떻게 보면 남쪽의 두 작은 나라가 싸우는 데서 어느 한 편을 들지 말고 조정자의 입장을 견지하는 것을 기본정책으로 채택했어야 했는데, 그러지 않았던 것이 참으로 아쉬운 대목이다. 만약 고구려가 맏형으로서 조정자의 역할을 했다면 신라가 당나라와 군사협력을 맺을 이유가 없었을 것이다.

신라가 외교력을 발휘했기에 당군을 움직일 수 있었다고 긍정적으로 보는 견해도 있는데 이는 어불성설이다. 고구려 정벌이 숙원사업이던 당나라 입장에서는 신라의 협공 제의가 하늘이 내린 선물이나 마찬가지였기 때문에 거절할 이유가 없었던 것이다.

이 글을 마무리하면서 여제동맹이 존재하지 않았을 가능성을 문득 떠올렸다. 고구려가 백제에 도움의 손길을 준 역사적 흔적도 없지만 백제가 고구려에 원병을 요청한 역사적 흔적 또한 찾기 어렵기 때문이다. 여

역사가 당신을 강하게 만든다

제동맹이 없었다고 주장한 학자는 작고한 이호영 전 단국대 국사학과 교수이다. 이호영 교수는 642년 백제의 공격을 받은 신라가 대야성을 잃고 김춘추의 딸과 사위가 죽자 김춘추를 고구려에 보내 원병을 요청한 사실을 기술한 『삼국사기』의 기록을 근거로 내세운다. 여제동맹이 존재했다면 신라가 고구려에 원병을 요청한다는 것이 논리적으로 맞지 않는다는 것이다. 신라가 당나라를 끌어들이기 위해 당나라에 사신을 보내 고구려와 백제가 손잡고 있다고 주장한 내용을 『구당서』에서 그대로 서술했을 뿐이라는 것이다.*

만약 여제동맹이 존재하지 않았거나 백제와 고구려 사이에 나당동맹에 대비한 군사협력 대화가 없었다면 고구려가 신라의 대당 외교활동을 소홀히 여겼거나, 신라의 활동을 제대로 보았더라도 나당동맹의 시너지 효과가 극히 위험하다는 사실을 인식하지 못했다는 얘기일 것이다.

---

* 이호영, 『신라 삼국통합과 여제패망원인 연구』(서경문화사, 1987).

2

신립은 왜 새재를 버리고 탄금대로 갔을까

이번에는 조선시대로 가보자. 1592년 일본군의 선봉부대가 부산포에 상륙함으로써 임진왜란이 발발하고 관군이 부산진, 동래, 상주 등에서 연패하자 조선 조정은 북방 여진족과의 전투에서 탁월한 능력을 보인 신립 장군을 보내 일본군을 막도록 했다.

신립의 병력은 많아야 1만 6000명 정도여서(류성룡의 『징비록(懲毖錄)』에는 8000명으로 기록되어 있다) 일본군에 비해 열세였다. 또한 주력이 기병으로 구성되어 있었는데 기병 중에서도 말을 타고 활을 쏘는 궁기병 위주였다. 신립은 문경새재에서 적을 맞아 싸우자는 종사관 김여물 등 참모들의 의견을 받아들이지 않고 병력을 충주 탄금대로 옮겨 배수의 진을 치고 달천평야에서 싸웠다.

신립의 판단에 대해서는 육군사관학교 이상훈 교수가 그의 저서 『전략전술의 한국사』에서 설명했듯이 신립이 옳았다는 견해도 있지만 비판적 견해가 주류이다. 높은 곳에서 아래를 굽어보는 것이 싸움에 유리하다는 것은 병가의 상식이다. 특히 백병전 위주의 옛날 싸움에서는 더욱 그럴 수밖에 없다. 이런 관점에서 보면 신립의 판단은 틀렸다고 할 수 있다. 그러나 228년 중국 삼국시대에 촉나라가 제1차 북벌을 감행했을 때 가정(街亭)이라는 곳에서 벌어진 전투의 사례에서 보듯이 높은 곳이 반드시 생지이고 낮은 곳이 반드시 사지인 것은 아니다.

제갈공명(諸葛孔明)은 마속(馬謖)을 가정전투의 지휘관으로 보내면서 반드시 낮은 곳에 진을 치라고 신신당부했지만 마속은 병법의 상식대로 높은 곳에 진을 쳤다. 부장 왕평이 공명의 지시를 상기시키며 간언했지만 마속은 자신의 재주를 믿고 자기 고집대로 했다.

위군 사령관 사마중달(司馬仲達)은 요충지인 가정을 확보하고자 급히 방어부대를 보냈는데, 이미 촉군의 선봉대가 가정에 진출한 것을 알고 "역시 공명"이라고 탄복했다. 그러나 마속의 군대가 산꼭대기에 진을 쳤다는 보고를 받고는 이내 안심했다. 산꼭대기에는 마실 물이 없었기 때문이다. 위군은 기회를 놓치지 않고 신속하게 마속의 군대를 겹겹이 에워싸고 기다렸다. 결국 마속의 군대는 식수 부족으로 탈영병이 속출하고 기력을 잃어 제대로 싸워보지도 못하고 궤멸하고 말았다. 제갈공명이 이끄는 본진도 승리가 눈앞에 있었지만 후퇴할 수밖에 없었다. 제갈공명은 마속을 자신의 후계자로 총애했지만 군령을 위반하고 패전한 책임을 물어 마속에 대해 사형을 집행하고 통곡했다. 이것이 유명한 읍참마속(泣斬馬謖)의 고사이다.

따라서 신립의 판단은 당시의 보급 상황, 군대편제 등 조선군 전후 사정과 왜군의 병력규모 등 당시의 전투 여건을 세밀하게 분석해야 평가할 수 있는 문제이다. 탄금대전투에서 참담하게 패배해 전멸을 당했기 때문에 신립의 결정을 쉽게 폄하할 수도 있으나, 새재에서 방어전을 했더라도 참패로 끝날 수밖에 없는 상황이었다면 이야기가 달라질 수 있다.

충주 탄금대전투로 인해 신립은 명장으로서의 명예를 모두 잃고 말았다. 과연 신립은 전장을 잘못 선택했던 것일까? 우선 신립 부대의 구성을 보면 주력이 말을 타고 활을 쏘는 궁기병이기 때문에 새재와 같은 산악지형에서는 쓸모가 적었다. 신립은 여진족 기병을 상대로 한 야전 기마전투에 능한 장수였기 때문에 험준한 고지에서 농성 방어전을 하는 것에는 아무래도 익숙하지 못했다. 적의 숫자가 아군보다 많다는 사실도 고지 농성전의 승패를 예측하기 어려운 요인이었다. 또한 고지 농성전은 병참보급이 충분히 이루어져야 하는데 부랴부랴 내려온 신립의 부대가 식량, 식수, 화약, 포탄, 화살 등 주요 보급품을 충분히 휴대했을 리는 만무했다. 훈련이 부족한 조선 병사들의 전투 능력과 널리 퍼져 있던 공포감을 감안할 때 고지 농성전을 하면 탈영병이 대거 발생할 가능성도 고려해야 했다.

게다가 병력이 풍부한 일본군이 일부 병력으로는 새재에 있는 신립의

역사가 당신을 강하게 만든다

부대를 포위하고 나머지 병력으로 한양으로 직진할 가능성도 있었다. 실제로 고니시 유키나가의 제1군은 새재로, 가토 기요마사(加藤淸正)의 제2군은 죽령으로(가토부대는 죽령에서 조선군이 저항하자 죽령을 포기하고 새재로 진출했다), 구로다 나가마사(黑田長正)의 제3군은 추풍령으로 진격해 오는 상황이었고, 모두 5만 명 정도의 병력 규모였다. 따라서 새재만 방어한다고 해서 한양이 안전한 것도 아니었다.

신립 부대의 전투 목표가 일본군의 진격을 지연시켜 한양에 전투 준비 태세를 갖출 시간을 벌어주는 것이었다면 고지 농성전은 충분히 가치 있는 전략이었다. 그러나 조선 조정이 신립 부대가 일본군을 물리쳐주기를 강력히 희망하고 있었다면 패배가 예정된 고지 농성전을 택하기는 어려웠을 것이다.

상주에서 패하고 도주해 온 이일이 신립에게 적의 기세가 대단하다는 보고를 하자 신립은 '도성으로 후퇴'하겠다고 조정에 건의했다. 하지만 이는 받아들여지지 않았다. 조선 조정은 신립에게 결전을 요구했던 것이다.

신립은 주특기인 기병전이 그나마 승전 가능성이 있다고 판단했을 것이다. 신립이 달천평야에서 패한 가장 큰 이유는 논밭으로 이루어진 땅바닥이 질척거리고 지반이 연약해 기병이 속도를 내기 어려웠기 때문이다. 이런 상황에서는 기병의 기동성을 활용하는 데 제약이 있었고 기병 돌격의 충격효과를 낼 수 없었다. 속도가 떨어진 기병부대는 보병의 먹잇감이고 보병부대에 포위되기 쉽다. 만주족 철갑기병대가 조선을 침공한 시기가 한겨울이었던 이유는 압록강이 얼어 도강작전을 펼치기 쉬워서가 아니라 땅바닥이 얼어 기마부대가 돌격하는 속도와 충격력을 확보하기에 유리했기 때문이다.

느린 속도로 돌격하는 궁기병의 화살 사격으로는 일본군 조총부대의 연속사격으로 형성된 두터운 화망을 뚫기가 쉽지 않았다. 신립의 기병부대에는 철갑으로 중무장한 창기병이 없어서 기병 돌격의 충격효과를 기대하기도 어려웠다. 1575년 오다 노부나가(織田信長)는 나가시노전투에서 조총 연속사격으로 라이벌인 다케다 가쓰요리가 자랑하는 기병부대를 격파하고 잠시 일본열도를 평정한 바 있는데, 나가시노전투의 전개 양상이 달천평야에서 재현된 것이다.

신립은 조총의 위력을 제대로 몰랐다. 류성룡은 『징비록』에서 "임진왜란 직전에 신립을 만났을 때 일본군이 조총이라는 신무기로 무장하고 있으니 주의하라고 경고했으나 신립이 가벼이 여기고 자신감에 차 있었다"라고 기록하고 있다(류성룡이 조총의 위력을 임진왜란 이전에 알고 있었다면 왜 마땅한 방비책을 마련하지 않았는지 알 수 없다. 이미 명종과 선조 두 임금에게 조총이 전달된 바 있었으니 조선도 복제 생산할 능력은 충분히 지니고 있었다).

신립은 오다 노부나가 조총부대가 개발한 3단 연속사격 전술을 미처 알지 못했다. 조총은 재장전하는 데 많은 시간이 걸린다는 선입견을 가

역사가 당신을 강하게 만든다

지고 있어서 궁기병이 신속하게 돌격하면서 편전을 쏘면 승리할 수 있다고 생각했을 것이다. 조선군 궁기병은 편전을 쓰기 때문에 화살을 최대 400m가량 날려 보낼 수 있어 최대 사거리가 500m 정도인 조총과 겨루어볼 만하다고 생각했을 것이다.

탄금대전투 당시 일본군 조총수들은 큰 방패 뒤에 몸을 가리고 사격한 데다 장창병들의 호위까지 받았다. 일본군 조총수들은 1열이 쏘고 나서 재장전하는 사이에 2열과 3열이 쏘고 다시 재장전한 1열이 쏘는 방식의 연속사격 전술을 구사했다. 이로 인해 조선 궁기병들은 일본군 방어선에 도달하기 전에 다케다 가쓰요리의 기마대와 마찬가지로 궤멸적 타격을 입었다. 고니시 유키나가의 부대가 신립의 부대와 싸우는 동안 가토 기요마사의 부대는 옆에서 지켜보았다고 하니 일본군의 병력이 압도적으로 많은 불리한 상황이었음을 알 수 있다.

전투가 개시되기 전날에는 달천평야에 비가 와서 논밭이 더욱 질척거리는 통에 기병들이 속도를 내기 어려웠다고 한다. 서양 전쟁 역사에서도 이와 유사한 사례가 있다. 백년전쟁 당시인 1415년 프랑스의 아쟁쿠르에서 프랑스 기병대가 영국군에게 참패한 이유가 바로 전날 비가 많이 와 땅이 질척거려서 기병의 속도가 줄어들고 움직임이 둔해졌기 때문이다. 동양이나 서양이나 속도가 떨어진 기병은 보병의 좋은 사냥감에 불과하다. 특히 아쟁쿠르전투에서는 무거운 철갑옷을 입은 프랑스 기사들이 말에서 떨어져 진흙탕에 박히면서 전혀 움직일 수 없는 상태가 되는 바람에 영국 보병들의 도끼날에 속수무책으로 찍혔다. 이처럼 바닥이 질척거리는 것은 기병전에서는 취약이다.

여기서 100% 확실한 결론을 내리기는 어렵지만, 신립에게 부여된 전투 목표가 일본군 격멸이었다는 점, 부대의 주력이 궁기병이었다는 점, 고지 농성전을 위한 보급 준비가 되어 있지 못했다는 점, 일본군의 숫자가 압도적으로 많았다는 점, 가토부대와 구로다부대가 다른 길로 한양으로 진격하고 있어 새재만 방어한다고 해서 한양의 안전이 확보되지 않고 가토와 구로다에게 포위되어 섬멸당하는 상황이 전개될 수 있었다는 점 등을 감안하면 문경새재에서 싸우지 않고 탄금대를 선택한 신립의 판단은 옳았다고 본다. 다만, 적군의 무기운용체계에 대한 정보가 부족해 열심히 싸웠지만 질 수밖에 없었던 것이다.

신립은 비록 전투에서는 졌지만 항복을 거부하고 끝까지 싸우다 부하 장졸과 함께 죽음으로써 사령관으로서 책임을 지는 모습을 보였다. 고니시 유키나가는 새재에 조선군이 진을 치지 않은 것을 보고 조선에는 병법을 아는 자가 없다고 비웃었다는 이야기가 전해진다. 사람들은 이 이야기를 인용하면서 고니시도 새재를 두려워했는데 신립은 새재의 중요성을 몰랐다면서 신립의 무능을 탓한다. 그러나 새재 돌파는 고니시부대의 군사목표였고 신립부대의 군사목표는 한양 방어였다. 그렇다면 고니시의 작전 시야보다 신립의 작전 시야가 훨씬 넓었다고 할 수 있다. 고니시의 관점에서 신립의 군사적 선택을 평가할 수 없는 이유이다.

역사가 당신을 강하게 만든다

끝으로 군사이론 측면에서 신립의 선택을 간략히 조망해 보고자 한다. 군사전술을 운용하는 요소로 METT-T의 5가지를 든다. Mission(부여된 임무), Enemy(적군의 규모, 위치, 장비 등), Terrain(지형과 풍향 등), Troops Available(아군 가용전투력), Time Available(주어진 시간)을 말한다. 최근에는 민간인에 대한 고려(Civil consideration)까지 더해 METT-TC로 정립되고 있다. 신립에게 부여된 임무(Mission)는 왜군 선봉 격파이다. 아군(Troops Available)에 비해 압도적인 숫자의 왜군 병력과 조총의 파괴력(Enemy)을 감안할 때 고립되어 고사할 위험이 있는 새재농성전을 채택하기는 어려웠을 것이다. 적이 코앞까지 왔으니 다른 전장을 고려할 시간적 여유(Time Available) 또한 없어서 새재와 충주(Terrain) 중 하나를 선택해야 했는데 왜군 선봉이 그냥 지나갈 수 없는 교통의 요지 충주에서 적과 한판 싸우는 것 외에 다른 선택의 여지는 없었다고 보아야 한다. 새재가 지닌 지형상 유리한 조건이 전술 운용의 모든 것을 설명하는 것은 분명 아니다.

결론적으로 말하면 신립은 '도성으로 후퇴하는 것'이 최선이라고 판단했으나• 조정이 결전을 요구하자 주특기인 기병전을 선택했고 기병전

• 『선조수정실록』에 따르면 신립이 장계(狀啓)를 보내 '도성으로의 후퇴'를 건의한 것으로 되어 있다. 『선조수정실록』은 광해군 때 편찬된 『선조실록』에 오류가 있다고 해서 인조반정 후에 수정된 실록이다. 신립의 집안이 인조반정에 적극 가담했고 신립의 딸이 인조의 숙모이므로 『선조수정실록』에서 우호적으로 기술했을 가능성을 배제하기는 어렵다. 『선조실록』과 『선조수정실록』이 집권세력의 정치적 이해관계에 따라 영향을 받았을 수도 있기 때문이다.

의 장소로 충주를 지목했다. 충주는 교통의 요지이고 주요 보급로상의 거점이라서 일본군이 그냥 지나칠 수 없는 곳이므로 조선군과 싸울 수밖에 없는 장소였기 때문이다. 신립이 새재를 버린 것은 일본군이 새재로만 온 것이 아니라 새재, 죽령, 추풍령 세 곳으로 나누어 진격해 왔기 때문이다. 새재 방어에 성공하더라도 죽령과 추풍령을 돌파한 일본군에게 후방을 차단당하면 독 안에 든 쥐 신세가 되고 전멸은 시간문제였기 때문이다.

한 가지 아쉬운 것은 신립이 자신의 판단을 부하 장수들과 공유하거나 조정에 보고하지 않아 기록이 남지 않은 것이다. 아마도 신립의 품성이 자상하지 않고 다소 거친 측면이 있었지 않았나 추측해 본다. 이순신이 부하장졸과 작전에 관해 의견을 교환하고 토론했듯이 신립도 부하장졸과의 의사소통을 중시했다면 탄금대전투에 대한 평가가 달라졌을 수 있다. '내가 알아서 결정할 테니 너희들은 나를 따르기만 하면 된다'는 리더십보다 결정 과정에 부하들을 참여시켜 목표를 공유하고 작전 개념에 대한 이해와 공감을 높이는 것이 전투의 승전 가능성을 높인다.

류성룡, 정약용과 같은 명망 높은 선비들이 신립에 관해 아쉬움을 나타낸 것도 신립의 전술적 선택을 부정적으로 평가하는 데 적지 않은 영향을 미쳤다. 그러나 명망 높은 선비가 냉정한 군사전략가는 아니므로 류성룡이나 정약용의 평가에 큰 비중을 둘 필요는 없다.

역사가 당신을 강하게 만든다

3

명이 조선을 구했는가, 조선이 명을 구했는가

　일본군이 부산진에 상륙한 후 믿었던 신립의 부대를 탄금대전투에서 격파하고 파죽지세로 한양을 향해 북상하자 조선 조정은 패닉 상태에 빠졌다. 선조를 태운 가마행렬은 울부짖는 백성들을 뒤에 남겨놓은 채 한밤중에 한양을 빠져나왔으나 선조는 자신이 살던 궁전이 백성들에 의해 불태워지는 참담한 광경을 지켜보아야 했다.

　선조는 국가 지도자로서의 위치를 망각하고 명나라로 망명하려 했으나 신하들의 간곡한 만류로 국경도시 의주에서 어가를 멈추고 명나라에 원병을 요청했다. 우여곡절 끝에 명나라 장군 조승훈(祖承訓)이 이끄는 명군의 선발대가 참전했는데, 임진왜란이 끝난 후 선조는 명나라가 조선에게 큰 은혜를 베푼 것이며 나라를 다시 세우게 해준 것과 같다 해서 소위 재조지은(再造之恩)으로 삼고 명나라 황제가 있는 곳을 등지고 앉

지도 않을 정도로 은혜를 마음 속 깊이 새겼다고 전해진다.

명나라 원군은 과연 재조지은으로 삼을 정도로 활약해 임진왜란을 승리로 이끄는 주역 노릇을 했던 것일까? 사실 이 질문에 답하기는 쉽지 않다. 일단 이여송이 이끄는 명군이 조선군과 연합해 평양성을 탈환함으로써 급한 불을 꺼준 것은 사실이다. 그러나 평양성 탈환 전투 이후에는 이렇다 할 명군의 활약이 없었다. 임진왜란이 끝나고 난 후의 명나라 국내 사정을 보면 각지에서 농민반란이 일어나고 있었으며, 누르하치가 이끄는 건주여진이 힘을 기르며 기회를 엿보고 있어 혼란에 접어든 시기였다. 그리고 결국에는 여진족에게 중원을 내어주었다.

철갑기병 8개 사단 6만 명을 중심 전력으로 하는 여진족에게 무너진 명나라가 임진왜란에 참전한 일본 육군을 중국 대륙에서 직접 상대했다면 어떤 결과가 나왔을까? 명군이 승리한다는 보장이 있었을까? 명나라가 조선에 원군을 파병한 것이 조선만을 위한 결정이었을까? 일본이 내세운 정명향도는 조선을 치기 위한 구실에 불과했을까? 도요토미 히데요시가 1591년에 필리핀 마닐라에 있는 스페인 총독에게 항복권유국서를 보내고, 인도 고아에 있는 포르투갈 왕국의 부왕에게 서신을 보내 중국 정복의 뜻을 통보한 사실에 비추어보면 그가 중화세계 정복의 야망을 갖고 있었다고 보아도 무방하지 않을까?

이런 질문들에 대한 답을 유추하다 보면 일본군이 명나라로 진출했더라면 명군이 세계 수준으로 평가받는 일본군을 쉽게 이기기는 어려웠을

역사가 당신을 강하게 만든다

것이라는 결론에 이르게 된다. 우선 일본군의 주무기인 조총은 서양에서 전래되었지만 일본의 철물 주조기술로 한 단계 업그레이드된 버전이어서 세계에서 가장 우수한 개인 화기였다. 또한 일본군은 전국시대를 거치면서 야전에서 쌓은 전투 경험이 풍부했다. 명군이 일본군을 상대로 싸워 최후의 승자가 된다고 해도 상당한 피해를 감수해야 하는 상황이었다고 보는 것이 옳을 것이다. 그렇다면 명나라가 조선에 원군을 보낸 것은 조선만을 위해서가 아니라 명나라를 일본군의 위협으로부터 보호하기 위한 사전예방조치였다고 할 수도 있다.

이여송이 이끄는 명군은 평양성 탈환 전투에서 공을 세웠으나 전열이 무너진 채 도주하는 일본군을 추격해 섬멸해야 한다는 조선군 장수들의 의견을 무시했다. 평양성에서 귀한 시간을 허비하는 바람에 일본군은 전열을 다시 가다듬을 시간을 벌었고 이는 백제관 전투에서 일본군에게 패하는 원인이 되었다. 전열을 정비한 관군과 조선 의병의 반격으로 보급로가 끊긴 일본군이 남해안 지역으로 물러난 후에도 일본군을 조선에서 몰아내기 위한 대규모 공세를 명군이 주도한 사례는 없었다.

벽제관전투에서 명군이 한 번 패하긴 했지만 보급문제로 일본군이 곤경에 몰리고 있어 전반적으로 명군에게 유리한 전황이었다. 그럼에도 불구하고 명나라 조정은 일본군을 밀어붙이지 않고 갑자기 협상에 의한 해결을 추구하기 시작했다. 명군의 목표가 일본군을 섬멸하는 것이 아니라 일본군이 명나라에 들어오지 못하게 하는 것임을 시사하는 대목이다. 일본군을 섬멸하면 도요토미 히데요시를 자극해 명나라에 직접 대규모 상륙작전을 실시할 가능성까지 염두에 둔 행마라고 할 수 있다. 왜구에게 중국 남해안을 침탈당한 과거의 기억도 한 몫 했을 것이다.

제2차 진주성 전투가 벌어진 1593년, 일본과 강화협상을 하던 명군 장수 심유경(沈惟敬)은 일본군이 진주성 공격을 결행한다는 정보를 입수하고 명나라 군대에게 피하라고 통보했다. 결국 고립된 조선군과 조선 백성이 몰살될 때 명나라 군대는 방관했다.

정유재란이 일어나고 조명연합군이 울산성에 웅거한 가토 기요마사의 군대를 공격할 때도 조선군이 선봉에 섰다. 고립된 가토의 군대가 식량과 식수 부족으로 한계 상황에서 겨우 버티고 있을 당시 일본군의 구원부대가 각지에서 당도했다. 이 결정적인 순간에 통합사령관 격인 명군 지휘관은 적극적인 조치를 취하지 않고 전장을 떠났으며, 이 때문에 조선군은 의미 없는 희생을 뒤로 하고 소득 없이 철수해야 했다. 명군 지휘관들의 이러한 태도는 어떤 경우에도 명군의 전력을 최대한 보전하기 위한 의도였던 것으로 보인다. 즉, 일본군을 격파하는 것이 전투의 목표가 아니라 조선군과 협조해 일본군을 조선에 묶어두는 것이 목표였던 것이다.

명군 장수 심유경이 일본과 강화협상을 한다고 나선 것도 조선을 위해서가 아니라 명나라의 입장에서 볼 때 일본군의 전력이 만만치 않아 일본을 살펴보고 경계할 필요성을 느꼈기 때문이라고 할 수 있다. 도요토미 히데요시는 조선의 8도 중 4도를 할양받는 것을 강화 조건의 하나로 내세웠다고 전해진다. 만일 조선군으로 일본군을 당해내기 힘들다고 판단했더라면 명나라는 일본군의 예봉이 명나라를 직접 정조준하는 것을 막기 위해 일단 도요토미 히데요시의 강화 조건을 수락해 조선의 4도를 할양한 후에 다음 수순을 두어 미래를 대비했을 수도 있다.

그러니 재조지은 운운하는 것은 아무 근거도 없다. 조선군은 조선을 위해 죽기로 싸웠지만 조선군이 일본군과 싸워 이긴 혜택은 결과적으로 명나라가 누렸던 것이다. 조선에 파병된 명군을 유지하는 부담의 일부를 조선 조정이 떠맡은 것도 어찌 보면 명나라가 손도 대지 않고 코를 푼 격이다. 이순신의 제해권 장악, 곽재우 장군을 비롯한 향토 의병들의 분전, 도원수 권율이 이끄는 조선 육군이 보유한 막강한 살상력의 공용 화약무기(비격진천뢰, 화차)와 사거리가 긴 화살(신기전, 편전) 등이 임진왜란을 승리로 이끈 요인이지, 주판알 굴리며 조선군 위에 군림하면서 명나라와 명군의 안위만 생각하고 조선을 포커판의 칩 정도로 여기던 명군은 결코 승리의 주역이 아니다.

임진왜란 기간 중 총 100회가 넘는 전투가 벌어졌는데, 그중 명군이 참여한 전투는 손가락에 꼽을 정도에 불과했다. 개전 초기 1년을 제외하면 조선군이 남해안에 내려와 성을 쌓고 웅거하는 일본군을 압박하는 상황이 전개되었다. 왜군의 노략질이 많았지만 명군의 수탈도 심해서 조선 백성들 사이에 '왜군은 얼레빗이고 명군은 참빗'이라는 말이 돌았던 점도 명군의 역할을 평가하는 데 참고해야 한다.

이 점을 분명히 하는 데에는 세 가지 의미가 있다. 첫째, 국제사회에서는 국가 간의 거래에서 나를 희생해서 남을 돕는 일이 있을 수 없음을 강조하기 위함이다. 오직 자국의 이익을 위해 움직인다는 사실을 명심해야 한다. 다른 국가가 도와준다고 해서 너무 감격할 필요가 없다는 것이다.

둘째, 소위 재조지은이라는 것이 근거가 없으며 조선 조정이 국내를 통치할 목적으로 만든 정치구호에 불과하다는 점을 지적하기 위함이다. 선조가 재조지은을 강조한 이유는 왕권을 유지·강화하기 위한 일종의 얕은 술수였다. 명군이 구해줬다고 해야 명군을 불러들인 조선 조정이 백성들로부터 후한 점수를 얻을 것 아닌가?

셋째, 오늘날 한중관계, 한일관계, 나아가 한중일관계를 다룰 때 한국이 보다 떳떳한 입장을 취하기 위함이다. 임진왜란 당시 조선은 결국 명나라를 도와준 것이고 우리 힘으로 당시 세계 최고 수준의 일본 육군을 물리친 것이라는 자부심을 갖고 중국과 일본을 대해야 한다. 중국의 시진핑 주석이 전통적인 한중 우호관계를 설명하면서 임진왜란 때 노량해전에서 전사한 명군 장수 등자룡(鄧子龍)과 이순신 장군을 함께 언급한 것은 우리 입장에서 보면 그리 달갑지만은 않다. 조선에 파견된 명군 수군제독 진린(陳璘)의 휘하인 등자룡을 우리 민족 최대의 영웅이자 명군 수군제독에도 제수된 이순신 장군과 같은 반열에 두어서는 안 된다. 등자룡은 노량해전에서 그와 같이 전사한 가리포첨사 이영남에 비길 수 있는 인물이다. 시진핑의 발언은 중국이 상국이고 한국을 위기에서 구해준 적이 있으니 한국이 빚을 지고 있다는 것을 은연중에 상기시키는데, 이런 얘기를 듣고 위축될 필요가 없다는 사실을 잊지 말아야 한다.

4

병자호란 때 조선군의 작전이 엉망이었던 이유는 무엇일까

1636년 청 태종의 즉위식에서 조선 사신들이 배례를 거부하자 청 태종 홍타이지는 최후통첩 성격의 국서를 조선에 보냈다. 그 국서가 도착했을 때는 이미 그해 겨울이 도래해 강물이 얼면 청군이 압록강을 건널 것이라는 사실이 예고된 것이나 마찬가지였다. 겨울에 땅이 얼어 지반이 단단해지면 청군의 주력인 철갑기병의 돌격속도와 충격력을 높일 수 있기 때문에 청군이 겨울을 택해 조선을 침공할 것이라는 것은 충분히 예상할 수 있었다. 따라서 군사 상식으로 볼 때 만주에 수많은 척후를 배치하고 압록강에 방어선을 구축한 다음 청군의 예상 도하 지점을 파악해 방어력을 집중하는 전술이 필요했다.

그러나 조선은 만주 지역에 세작(細作, 적의 정보를 탐지해 자기편에 알리는 사람)들을 파견하지도 않았을 뿐 아니라 조선군 도원수 김자점은 모

136

역사가 당신을 강하게 만든다

든 조선군에게 산성에 들어가 방어태세를 갖추라고 명령했다. 이 명령은 일견 그럴듯해 보이지만 치명적인 약점이 있었다. 압록강부터 한양에 이르는 서해안 평야길이 훤하게 뚫렸던 것이다. 실제로 청군은 산성에서 기다리는 조선군을 무시하고 기병대의 진격 속도를 높여 한양으로 직행해 인조의 생포를 노렸다. 청군 기마부대가 압록강을 건넌 지 불과 5일 만에 한양 외곽 양철평(지금의 서울 녹번동 부근)에 나타나자 조선 조정은 패닉 상태에 빠졌고 조선군의 지휘체계도 완전히 마비되었다.

임진왜란 때 정보 수집을 게을리 하여 일본군의 부산포 기습 상륙을 허용함으로써 어려움을 겪었던 조선군은 왜 또 다시 정보 수집을 게을리 하고 청군의 압록강 도하작전을 방치했을까? 1805년 프랑스의 나폴레옹 황제는 아우스터리츠전투에서 호수 면에 대포를 쏘아 얼음을 깨트려서 얼어붙은 호수 위로 황급히 퇴각하는 러시아군을 익사시켰던 적이 있다. 조선군도 화포부대를 동원해 도강하는 청군 기마대에 포격을 가할 생각을 했어야 했다.

조선은 척후를 만주에 보내 도하 지점을 미리 파악하고 화포부대와 신기전부대를 매복시켜 기습을 감행해 일단 청군의 예봉을 꺾는 작전을 구사했어야 했는데, 왜 아무런 대비도 없이 한양으로 가는 길을 활짝 열어주었을까? 압록강의 강폭이 좁아 도하를 저지하기 힘들었다면 왜 평양 이북의 적정 지점에서 방어선을 구축하고 조선군의 우수한 화약무기를 동원해 청군과 일전을 겨루지 않았을까? 최소한 청군 기마대의 남진

속도를 줄여 한양의 조정이 대처할 수 있는 시간을 벌기 위한 지연거부 작전은 수행했어야 마땅하다. 군사작전 측면에서 보면 도저히 납득이 되지 않는다.

남한산성 밖에 위치하고 있던 도원수 김자점은 조선군의 역량을 집결해 남한산성의 청군 포위망을 돌파하고 인조를 구출하는 작전을 입안하거나 실행하지 않은 채 거의 수수방관하고 있었다. 조선군 조총수 4만 명이 참전해 청군 기마대에 대패한 쌍령전투 현장에서도 도원수 김자점은 없었다. 김자점은 황해도 토산에서는 청군과 싸웠지만 이는 불과 5000명 정도의 조선군이 참전한 중규모 전투였다. 게다가 지휘 미숙으로 전투 중 전장을 빠져 나가 승리할 수 있었던 전투를 망치고 패배하고 말았다.

도원수 김자점은 무슨 생각을 하고 있었던 것일까? 서북면의 산성에 남아서 병자호란이 끝날 때까지 군량미만 축낸 북방의 조선군 장수들은 왜 남하해 청군의 배후를 칠 생각을 하지 않았을까? 도원수 김자점의 명령이 없는 한 북방 산성에 있는 장수가 수성명령을 어기고 성을 나와서 남하하기는 어려웠을 것이다. 실패했을 경우 후일의 책임 추궁도 두렵고 또 전체 상황을 알지 못해 독단적으로 병력을 이동하기 어려웠을 것임을 감안하면 모든 시선은 김자점에게 쏠릴 수밖에 없다.

조선 조정은 인조와 대신들, 그리고 왕실 구성원들을 강화도로 옮길 계획을 세우고 세자, 왕자, 중전과 후궁들을 먼저 강화도로 호송했다.

역사가 당신을 강하게 만든다

강화도 몽진계획은 여진족이 유목민족이라서 물에서는 약하다는 사실을 전제로 한 것인데, 400년 전 몽고군대에게나 통하던 전술을 되풀이한 것도 거의 코미디 수준의 계획이었다. 청나라는 이미 투항해 온 명나라 정규 수군을 보유하고 있어서 강화도로 숨는 것은 아무런 의미가 없었다. 이는 '나 잡아가라' 하는 것과 마찬가지였다. 실제로 청군은 예친왕 도르곤이 이끄는 상륙 부대가 함선에 장착된 홍이포를 쏘아대며 강화도에 가볍게 상륙했다. 마치 함포 사격이 선행된 현대 해병대의 상륙작전을 방불케 하는 장면이라 할 수 있었다.

불과 3년 전인 1633년에 공유덕과 경중명이 이끄는 명나라 수군이 홍타이지에게 투항할 때 명나라의 요청으로 출병한 적이 있는 조선 조정이 여전히 강화도로 몽진할 생각을 했다는 것이 이해가 가지 않는다. 청나라가 제대로 된 수군을 갖추고 있다는 사실을 알고 있었는데도 어째서 조선 조정은 강화도를 여전히 천험의 요새라고 여겼던 것일까? 몽진을 하려면 더 남쪽으로 길을 잡아야 했다.

인조는 난공불락의 요새라고 여겼던 강화도가 함락되고 왕자들과 왕비가 포로로 붙잡혔다는 소식을 접하고 나자 삼전도에 나아가 청 태종 홍타이지에게 항복의 예를 올렸고, 이로써 병자호란이 마무리되었다. 병자호란 이후 용렬한 도원수 김자점은 패전의 책임을 지고 파직되었지만 다시 부활해 영의정의 자리에까지 올랐다. 매우 설명하기 어려운 일이 벌어진 것이다.

도원수 김자점은 원래 음서에 의해 관직에 진출한 문관 출신으로 병조의 하급 관리였으나 인조반정에 참여해 반정공신이 되었다. 정묘호란 때에는 인조를 강화도로 호종하는 역할과 임진강 수비사령관을 담당한 것이 군 경력의 전부였다. 후금군과 전투는 하지 않았으므로 조선군 전체를 지휘하기에 함량 미달이라고 보아야 할 것이다. 하지만 아무리 보아도 군사학 상식 이하의 엉터리 작전을 계획한 것을 단순히 무능함으로 치부할 수 있을까? 이괄의 난 때 경험이 많은 노련한 고급장교들이 많이 희생되어 가용자원이 적었다고는 하지만 도원수로 기용할 인재가 정녕 김자점밖에 없었던 건 아닐 터인데, 인조는 왜 김자점을 도원수로 기용했을까?

반정으로 정권을 잡은 인조가 극심한 불안감에 병권을 함부로 내 편이 아닌 사람에게 내어줄 수 없었기 때문이라고 보는 것이 일단은 합리적인 추론이다. 인조는 병자호란이 끝나고 청나라에 볼모로 잡혀갔다가 돌아온 소현세자가 청나라 황실과 가까운 사이라는 사실을 의식했고 소현세자가 자신의 왕좌를 노릴지도 모른다는 불안감에 소현세자를 경계했다고 알려져 있다. 소현세자는 귀국 후 한 달 만에 독살로 추정되는 정황으로 숨졌다. 친아들을 의심할 정도로 불안정한 정신 상태라면 전쟁의 승패보다는 전쟁 이후의 정국 변화 가능성에 더 신경이 쓰였을 것이고, 반정공신이자 병조에서 근무한 경력이 있는 김자점이 가장 믿을 만한 자기 사람이었을 것이다.

　　　　　　　　　　　역사가 당신을 강하게 만든다

이런 견해를 뒷받침하는 사례가 하나 있다. 인조는 왕자와 중전, 후궁들을 강화도로 피신시키면서 강화도 수비사령관으로 문관이고 전투 경험도 없는 김경징을 임명했는데 그 역시 반정공신이었다. 게다가 김경징은 반정공신의 우두머리라 할 수 있는 현직 영의정 김류의 아들이었다. 김경징 역시 음서로 벼슬길에 나선 사람이어서 능력에 의문이 있었고 가문의 배경을 등에 업고 승승장구하다 보니 지나친 낙관론자였다. 김경징은 유목 민족인 청군이 바다를 건너올 리 만무하다고 자기 마음대로 판단하고 경계 태세를 소홀히 하면서 술만 퍼마셨는데, 청군이 상륙하자 술이 취한 상태에서 혼비백산해 허둥대다가 성이 함락되었다. 현직 영의정인 아버지 김류 덕에 목숨을 부지하고 유배되었으나 죽음으로 작전 실패의 책임을 물어야 한다는 탄핵이 계속되자 더 이상 견디지 못해 결국 사약을 받고 불귀의 객이 되었다. 매우 중요한 직책인 강화도 수비사령관마저 군사작전 능력보다 내 사람인지 여부를 먼저 따졌으니 인조의 속마음이 진정 무엇이었는지 알 수 있는 사례가 아닐 수 없다.

효종 시절 정치적으로 불리해지자 북벌계획을 청나라 조정에 밀고하는 배신행위도 서슴지 않았던 기회주의자 김자점은 '어차피 질 전쟁이고 인조도 같은 생각을 갖고 있으니 싸우는 시늉이나 하면서 희생을 최소한으로 줄이다가 청군에게 포위된 인조가 적당한 계기에 항복하길 기다리는 것이 최선이다'라고 생각했을 수도 있다.

인조가 청과의 전쟁을 바라보는 시각은 1636년 4월 홍타이지 황제 즉위식 1개월 전인 1636년 3월에 내린 유시에서 잘 나타난다. 당시의 유시는 인조가 칭제건원과 홍타이지의 황제 즉위식을 알리려고 조선에 온 청나라 사신들을 쫓아낸 후에 백성들에게 내린 것이었다. "이에 강약과 존망을 헤아리지 않고 의로운 결단을 내려 …… 서울 사람들은 전쟁의 참화가 눈앞에 박두했음을 알면서도 오히려 오랑캐를 배척하고 거절한 일을 통쾌하게 여기고 있다. …… 충의로운 선비는 각자의 책략을 다하고 용감한 사람은 종군을 자원해……." •

이 글은 '국가가 망해도 전쟁을 해야 하고, 국민이 처참히 깨져도 한 번 기분 내서 통쾌해 하면 그만이며, 백성들이 일어나 알아서 싸우라'라는 얘기를 남 얘기하듯 써내려간 것으로, 무책임의 극치를 보이고 있다. 국민의 생명과 존엄, 그리고 재산을 보호해야 하는 책임 있는 국정 운영자의 모습은 어디에도 없다. 이러면서 왕이라고 할 수 있는가? 백성들이야 어떻게 짓밟히든 간에 본인은 강화도로 도망가고 조선군은 산성만 지키면 된다고 생각했던 것이다. 청군과 압록강에서 승부를 내자는 최명길을 비롯한 지각 있는 신하들의 간언을 물리친 것도 그런 안이한 생각 때문이었다.

어쩌면 인조는 강화도에서 적당히 농성하다가 항복할 생각이었는지도 모른다. 만약에 그렇다면 이 장면에서 크게 소리 지르며 물어보고 싶

• 장한식, 『오랑캐 홍타이지 천하를 얻다』(산수야, 2015), 338쪽.

다. 그렇다면 무엇 때문에 청나라와 싸움을 시작했냐고. 처음부터 군신의 예를 갖추어 납죽 엎드리지 않고 아버지의 나라 명나라, 재조지은 운운하며 천하에 둘도 없는 열사인 양 뻗댄 이유가 도대체 무엇이냐고. 아무 죄 없이 임금 잘못 만났다는 이유로 청나라에 포로로 잡혀가 짐승만도 못한 대접을 받으며 고생하다가 천추의 한을 품고 객사한 수십만 백성들은 도대체 당신들에게는 무엇이냐고.

인조는 청나라 황제 홍타이지가 몽고 정벌 과정에서 그랬듯이 조선에서도 가급적 포용정책을 쓸 것이라고 예상했을 수 있다. 명나라와의 전쟁에 필요한 자원, 즉 포로와 가축과 금은보화만 확보하면 조선 조정의 항복을 흔쾌히 받아주고 왕위는 유지시켜 줄 것이라고 미리 계산하고 있었을지도 모른다. 처음부터 백성을 희생시켜 명분(친명배금)과 실리(왕권 유지)를 모두 얻을 심산이었을 가능성은 전혀 없었다고 장담할 수 있을까?

청 태종 홍타이지가 보낸 국서의 한 구절을 소개한다.

너희 나라가 산성을 많이 쌓는다는데 만약 내가 큰길로 곧바로 한양을 향해도 산성으로 나를 막을 것인가? 너희가 믿는 것은 강화도인데, 만약 내가 팔도를 다 유린해도 조그마한 섬 하나로 나라를 이룰 수 있겠는가?*

이 구절은 청군이 실제로 산성을 무시하고 한양으로 직진했기 때문에 어찌 보면 청군의 군사작전 기밀을 노출한 것이다. 달리 보면 조선군 방어 작전의 가이드라인이다. "나는 한양으로 직진하려 하니 너는 산성에 군사들을 묶어두고 강화도에나 들어앉아 있거라." 이런 가능성을 100% 배제할 수 있는 것인가?

실제로 인조는 강화도로 몽진하려다 청군 기마대가 길을 막고 있다는 보고를 받고 남한산성으로 들어갔다. 앞서 지적했듯이 병자호란이 발발하기 3년 전에 명나라 수군이 귀순해 옴에 따라 청군이 막강한 해군력을 갖추고 있다는 사실을 알고 있던 조선 조정이 굳이 강화도로 몽진하려 한 것도 의심의 강도를 키운다.

• 장한식, 『오랑캐 홍타이지 천하를 얻다』, 347쪽.

역사가 당신을 강하게 만든다

5

후기 조선통신사는 왜 중단되었을까

후기 조선통신사는 임진왜란이 끝나고 일본 쇼군 도쿠가와 이에야스의 요청으로 1607년에 처음 파견된 이후 약 200년에 걸쳐 모두 12차례 파견되었다. 조선이 원수처럼 여기던 일본에 전쟁이 끝난 후 불과 8년만에 통신사를 파견한 것은 도쿠가와 이에야스가 조선에 자신의 군대를 출병시키지 않았기 때문이기도 하고, 일본에 끌려간 조선 포로를 데려와야 한다는 현실적인 이유 때문이기도 했다.

조선통신사는 두 나라 모두 막대한 예산을 들여 지나가는 곳마다 성대한 행사를 열어서 볼거리를 제공했고 긴 행렬이 장관을 이루었다고 한다. 도쿠가와 막부는 조선통신사의 이동경로에 있는 지방 영주들에게 조선통신사를 최대한 예우하라고 지시하고 이를 점검하면서 지방 영주들을 통제하는 수단으로도 활용했다고 한다.

조선통신사 파견은 1811년에 대마도에서 약식으로 치러진 후에 중단되었다. 조선과 일본이 전쟁의 상처를 잊고 평화로운 관계를 맺어 서로 교류한 조선통신사 파견은 두 나라 모두에게 유익한 행사였다. 일본은 조선으로부터 성리학과 글과 그림을 받아들였고 조선은 일본으로부터 고구마, 토마토, 고추와 같은 농작물을 들여왔다. 또한 발전된 일본 도시의 물질적 풍요는 조선의 실학자들에게 영감을 주기도 했다. 실학자 박제가는 청나라와 일본의 발전상을 근거로 무역의 중요성을 강조했다.

이처럼 양국의 문화적 교류를 위한 훌륭한 창구역할을 했던 조선통신사가 1811년에 사실상 중단된 이유가 무엇일까? 1811년 조선에는 큰 기근이 들어 민심이 흉흉해지는 가운데 평안도 지역에서 홍경래의 난이 발생했다. 조선 조정은 조선통신사를 에도까지 보낼 정신적·물질적 여유가 없었다고 보아야 할 것이다. 그러나 이 설명은 1811년에 조선통신사 파견이 취소된 사유를 설명하는 데에는 충분할지 모르나 그 후로 더이상 파견이 없었던 이유를 설명하기는 많이 부족하다. 두 나라가 더 이상 조선통신사에 많은 돈을 들일 이유와 명분을 찾기 어려웠기 때문에 중단되었다고 보는 것이 상식적인 접근이다. 그렇다면 그 이유와 명분이 사라진 배경을 알아보자.

먼저 조선 측을 보면 19세기에 들어서 조선은 여러 가지 제도적 모순이 곪아 터져 나라가 혼란스러운 상태였다. 매관매직에 따른 지방 수령들의 부패로 조선 백성의 삶이 극도로 곤궁해져서 민란이 일어나고 도

역사가 당신을 강하게 만든다

적폐가 늘어났다. 산업혁명의 바람이 인류의 생활수준을 혁신하는 때에 사농공상이라는 시대착오적 사회질서로 인해 기술자와 상인들을 우대하지 않아 시간이 가면 갈수록 산업이 피폐해진 데다, 납세의무가 없는 양반의 수가 계속 늘어나 세금을 원활하게 걷지 못해서 국가 재정을 운용하는 데에도 큰 어려움이 있었다. 조선통신사 파견에 많은 예산을 배정하기가 벅찬 상황이었던 것이다. 따라서 조선통신사 파견은 조선 측 사유로 중단되었다고 보는 것이 타당할 것이다.

그러나 한 가지 짚고 넘어가야 한다. 도쿠가와 막부의 간곡한 요청으로 조선통신사가 파견되기 시작했는데 일본 측에서 더 이상 파견을 요청해 오지 않은 이유는 무엇일까? 영국, 네덜란드, 스페인, 포르투갈과 같은 해양 대국들의 무역 러브콜을 받고 있던 도쿠가와 막부는 내외에 조선통신사가 조공사절이라고 속였다고 한다. 이는 도쿠가와 막부의 권위를 높이기 위한 것이었다. 그리고 조선통신사로부터 유학에 관한 책도 얻고 시와 그림도 얻는 등 나름 얻는 것이 있었을 것이다. 조선통신사가 오면 구경꾼들로 인산인해를 이루었고, 조선통신사 사절단에 포함된 문인들에게 시와 글, 그리고 그림을 얻기 위해 사람들이 새벽까지 장사진을 쳤으며, 조선통신사가 지나가면 21세기의 한류스타처럼 일본에 새로운 조선풍 유행이 일어나기도 했다고 한다.

그런 조선통신사를 더 이상 초청하지 않게 된 이유는 무엇일까? 도쿠가와 막부가 자신들의 권위를 더 이상 선양할 필요가 없을 정도로 확고

한 토대를 다졌기 때문일까? 아마 일본의 문화수준이 독자적으로 상당한 경지에 올라 조선 문화에 대한 동경심이 사라졌을 가능성도 배제하기 어렵다. 1960년대와 1970년대에는 우리나라 젊은이들이 홍콩의 연예인들을 우상으로 삼고 흠모하던 열기가 뜨거웠지만 1980년대 들어오면서 그러한 환호가 사라졌던 기억을 떠올리면 이해가 갈 것이다.

조선 도공에 의해 시작된 도자기 문화는 일본에 토착화되면서 독특한 스타일의 일본 도자기가 생산되었고 유럽에서 고가로 팔리며 선풍적인 인기를 얻었다. 일본의 그림은 유럽에 건너가 유럽의 화단에 영향을 주고 프랑스 인상파 화가들에게 영향을 미칠 정도로 수준이 높아졌다. 따라서 어느 순간 일본 지식인들은 조선 문인들이 더 이상 대화 상대가 아님을 깨달았을 수 있다. 세상이 산업혁명의 물결을 타고 엄청난 속도로 변화하고 있다는 것을 네덜란드를 통해 파악하고 있었던 일본의 지식인들은 마치 딴 세상 사람인 양 산신령 같은 얘기나 하고 새로운 문물을 백안시하는 조선의 문인들을 어느 순간 상대하기 싫어졌을 수도 있다.

조선은 해금정책으로 대외교역이 금지되어 있어 산업혁명의 물결에서 벗어나 있었다. 또한 사농공상의 사회여서 자체적으로 기술이 발전하기 어려운 구조였기 때문에 후기 조선통신사 교류가 시작된 17세기나 그로부터 200년이 지난 19세기나 조선에서 생산되는 물품의 질과 양에는 별 차이가 없었고 새로운 발명품을 기대하기도 어려웠다. 반면 일본은 200년 동안 서양의 문물을 적극적으로 받아들이면서 정신적으로나

역사가 당신을 강하게 만든다

물질적으로나 눈부신 발전을 거듭했다. 말이 서로 통하지 않는 게 어찌 보면 당연한 일이었다.

뮤직 박스(오르골)를 선물했더니 음악의 소리가 혼이 없고 질이 낮다 해서 돌려보내고, 인체 해부에 대한 의견을 구했더니 배를 가르지 않고 알아야 진정한 의술이라며 꾸짖는 조선의 지식인들이 일본 지식인들의 눈에는 어떻게 비쳐졌을까? 인체 해부에 관한 이 이야기는 조선 의원 남두민과 일본 의원 기타야마 쇼우(北山彰)의 대화로, 1764년 일본에서 출판된 필담집에 수록된 내용이라고 한다. 경남대 김형태 교수에 따르면, 후기 필담집으로 갈수록 일본 지식인들은 조선 문화에 대한 존경심보다 일본 문화에 대한 자신감을 나타내기 시작했음을 알 수 있다고 한다. 조선의원 남두민과 일본의원 기타야마 쇼우가 인체 해부와 관련해 나눈 대화 내용은 네덜란드를 통해서 서양의 의술을 받아들이고 있던 당시 일본 의학계의 사정을 짐작하게 한다.

일본 의사 스기타 겐파쿠는 독일 의사 요한 아담 쿨무스(Johann Adam Kulmus)가 1722년 발간한 해부학 책 『해부도감(Anatomische Tabellen)』의 네덜란드어 번역판을 다시 일본어로 번역해 1774년 『해체신서(解体新書)』라는 제목으로 발간했다. 『해체신서』가 발간되기 전인 1734년에는 이미 네덜란드어 번역판이 일본 의사들의 관심을 끌고 있었다. 신경, 동맥 같은 의학용어는 『해체신서』에서 번역된 용어이다.

만약 우리에게 200년 전 사람하고 대화할 기회가 주어진다면 대화가 제대로 이루어질 수 없을 것이다. 처음에는 호기심이 일어 대화를 나누겠지만 조금만 지나면 동문서답에 말귀를 알아듣지 못해 대화를 계속할 이유가 없어질 것이다. 아마 짜증이 나서 더 이상 같이 앉아 있는 것도 부담스러울 것이다. 19세기의 조선은 산업혁명의 물결에서 소외된 채 17세기에 혼자 머무르면서 그렇게 이 세상에서 점점 더 격리되고 뒤로 처지고 있었던 것이다.

일본 지배층은 조선통신사 교류를 통해서 조선에서 얻을 수 있는 것을 얻고 중국의 움직임도 간접적으로 파악하고자 했을 것이다. 조선통신사의 방문을 일본 막부에 대한 존경심을 표현하는 것으로 둔갑시켜 네덜란드를 비롯한 서양 세력에게 조선은 일본의 속국이므로 직접 교역할 실익이 없다고 설명하는 근거로 삼았을지도 모른다.

조선 지배층은 조선통신사 교류를 우월적 지위에서 관찰하는 한편 일본이 한 수 아래의 나라라는 고정관념에 사로잡혀 있었다. 한 수 아래의 나라이니 어떻게 발전하고 있는지 관심을 둘 생각조차 하지 않았던 것이다. 카메라를 고정하면 사진을 찍을 수 있는 각도가 한정되는 것과 같은 이치이다.

조선 지배층이 보다 열린 자세로 일본을 바라보고 조선통신사 교류를 제대로 분석했더라면 일본 너머에 있는 다른 세상의 존재를 인식했을 것이다. 조선 지배층이 열린 자세를 갖지 못한 이유, 좀 더 분석적인 시각에서 조선통신사 교류를 바라보지 못한 이유가 무엇일까? 조선 지배

역사가 당신을 강하게 만든다

층은 조선이라는 국가를 발전시키고 백성의 삶의 질을 향상시키는 데 얼마만한 중요성을 부여했던 것일까?

국가의 발전과 백성의 삶의 질에 관심이 있었다면 번영하는 일본을 보고 자극을 받지 않을 수 없었을 것이다. 우리 백성은 빈한하게 살고 있는데 한 수 아래로 본 일본의 백성들이 풍족하게 살고 있다면 제정신이 박힌 지도자라면 통렬한 반성과 진지한 고민을 했어야 마땅하다. 그렇게 하지 못한 조선 지배층은 백성을 통치의 대상이자 지배층을 위해 희생하면서 지배층을 모셔야 하는 존재로만 인식했다고 보아야 한다.

신분이 고착화되어 있고 개인의 노력에 따른 보상과 신분 상승이 보장되지 않은 사회였던 조선은 긍정적인 변화를 기대하기 어려운 나라였다. 지배계층은 안락하고 쉽기만 한 생활에 만족하면서 하루하루를 즐겁게 보내는 반면 피지배계층은 희망 없이 하루하루를 어렵게 보내는 나라에서 새로운 기술이 나오고 새로운 제품이 나올 가능성은 제로에 가까웠다.

조선통신사를 통해 교류를 하면서도 맹수로 변하고 있는 일본을 인지하지 못한 조선 지배계층은 한마디로 지도자의 위치에 있을 자격이 없었던 것이다.

6

세계 유일의 자생 기독교인 조선 천주교는 어떻게 가능했을까

유럽과 소아시아, 그리고 아프리카 일부 지역, 즉 옛 로마제국 영토였던 지역과 그 주변은 원래 기독교가 번성했던 곳이다. 그러다가 유럽의 화약무기와 항해술 발달로 유럽세력이 남미와 아프리카, 아시아로 확장됨에 따라 유럽 이외의 다른 지역으로도 기독교가 전파되기 시작했다.

원주민들이 오래 전부터 정착해 살고 있던 땅을 주인 없는 신천지라고 마음대로 정의하고 군함과 대포를 앞세워 침공해서 평화로운 원주민 사회를 무력으로 제압한 뒤 식민지가 건설되면 천주교 사제들이 들어와 포교하는 것이 정형화된 기독교 전파 패턴이었다. 그들은 이를 하느님의 은총을 전파한다고 설명했는데 나중에 이는 아프리카 노예무역을 정당화하는 논리로도 악용되었다. 야만 상태의 아프리카 원주민을 기독교 사회에 동화시켜 하느님의 은총을 받게 한다는 것인데, 비인도적인 폭

역사가 당신을 강하게 만든다

력 행사를 통해 노예를 사냥하고 가축과 같이 팔고 사고 부리는 데에서 오는 양심의 가책을 그렇게 해서라도 피하려 했던 것이다.

하지만 조선에 기독교를 전파하는 과정은 이와 전혀 다른 방식에 의해 이루어졌다. 조선의 천주교는 중국에 들어온 유럽 천주교 신부들에게 영향을 받아 처음에는 서학이라 불리는 하나의 학문으로 받아들여졌다가 시간이 흐르면서 새로운 종교로서 입지를 다지게 되었다.

천주교를 가장 먼저 접한 한국인은 청나라에 볼모로 잡혀갔던 소현세자라는 주장이 있다. 1644년 예친왕 도르곤이 이끄는 청나라 기병부대는 산해관을 지키던 명나라 장수 오삼계의 배신으로 천험의 요새 산해관을 돌파해 이자성의 농민반란군을 무찌르고 북경을 점령했다. 예친왕 도르곤은 승전을 기념해 소현세자를 북경으로 초청했다. 소현세자는 2개월 간 북경에 머물렀는데 이때 독일 천주교 신부 요한 아담 샬 폰 벨(Johann Adam Schall von Bell)과 교류했다는 내용이 아담 샬 신부의 회고록에 나온다. 실제로 소현세자가 볼모생활을 청산하고 조선으로 돌아올 때 성모상, 십자가, 천주교 서적과 수학 서적을 가져왔다고 하니 아담 샬 신부와 상당한 수준의 교감이 있었다고 볼 수 있다.

중국에서 활약한 선교사 마테오 리치(Matteo Ricci)는『천주실의(天主實義)』라는 천주교 서적을 간행했는데『천주실의』는 조선 실학자들의 연구대상이 되었다. 서학을 연구하던 조선 선비 이승훈은 1784년 조선 사절단의 일원인 아버지를 따라 북경을 방문한 것을 계기로 천주교 세례를 받아 한국인 최초의 기독교 신자가 되었다. 이승훈은 조선에 돌아와서 스스로 주교가 되어 서학을 연구하는 동료 10명을 신부로 임명한 후 미사를 집전하고 포교를 시작한 것이 조선 천주교의 출발점이라 할 수 있다.

이후 일취월장한 조선 천주교는 천주교 교리와 유학의 전통적인 가례 질서가 충돌하면서 문제를 일으켰다. 제사를 지내지 않는 천주교 신자들은 비난의 대상이 되었고, 명분과 예절, 그리고 질서를 존중하던 조선 지배계층으로부터 가혹한 박해를 받았다. 천주교 신자들은 신앙의 자유와 목숨을 맞바꾸면서도 천주교 교리를 계속 전파했고 신자의 수는 지속적으로 늘어났다. 로마 가톨릭 교황청에서는 서양 선교사도 없이 조선 땅에서 조선 백성들의 손으로 천주교가 자생적으로 발전한 것을 하느님이 허락하신 기적으로 받아들였을 만큼 이는 경이로운 현상이었다.

그렇다면 조선에서 천주교가 자생적으로 발전한 이유는 무엇일까? 사해동포주의, 하느님 앞의 평등, 원수를 사랑하라, 항상 기뻐하고 모든 것에 감사하라라는 기독교정신 가운데 그 무엇이 사농공상이라는 계급 사회 질서에 익숙한 조선 백성들의 마음을 움직였을까?

조선이 통치철학으로 유교 성리학을 택했지만 여전히 민간에서는 불교 신앙이 뿌리 깊게 퍼져 있던 상황을 감안하면 기독교식 권선징악인 천국, 지옥, 연옥이 불교의 극락세계 또는 염라대왕이 지배하는 지옥과 유사해 낯설지 않다는 점을 먼저 지적할 수 있다. 예수가 티베트 근처의 불교사원에서 수행했다는 확인하기 어려운 주장이 있는데 만약 그 주장이 맞는다면 기독교와 불교가 유사한 이유를 설명할 수 있다. 천주교 사제와 불교 승려가 결혼하지 않고 오로지 신앙생활에만 정진하는 것도 유사하다.

사농공상, 남존여비의 신분사회에 불만을 품은 조선 백성, 특히 아녀자에게, 그리고 서얼 출신의 지식인, 양반 이외의 계층에게는 하느님 앞에 만인이 평등하고 하느님을 믿으면 천국으로 인도된다는 천주교 교리가 사막의 오아시스처럼 느껴졌을 수 있다. 프랑스 외방선교회에 소속된 신부들이 빈민과 병자를 구원하는 데서 보인 헌신적인 자세, 신앙을 위해 한 점의 흔들림 없이 기꺼이 목숨을 바치는 순교행위, 그리고 단기간에 익힌 유창한 조선어에도 많은 감명을 받았을 것이다.

그러나 이런 이유만으로 조선 천주교의 자생적 발전을 설명하기에는 많이 부족하다. 어느 나라 어느 민족에게도 핍박받는 계층과 불만계층은 충분히 존재하기 때문이다. 왜 조선만 특별했는지를 설명하려면 뭔가 더 제시되어야 한다. 한민족의 피에 서양의 피가 일부 섞여 흐른다는 의학적 연구결과가 이러한 현상을 설명할 수는 없을 것이고, 우리 민족의 특징이라 할 수 있는 사고의 유연성이 설명의 열쇠라고 생각된다.

고려 말 조선 초기에 이룩한 여러 가지 성과 중에는 세계적인 수준의 성과가 여럿 있었다. 세계 최초의 금속활자, 복식부기, 측우기, 로켓의 원형이라 할 수 있는 신기전, 장갑선(거북선), 기관총의 원형이라 할 수 있는 연속발사 화약무기(화차), 곡사포의 원형이라 할 수 있는 신관에 의한 작열탄(비격진천뢰), 산탄포(조란탄), 조선백자, 은 제련기술인 연은분리법 같은 것들이다. 이는 사고의 유연성 없이는 도저히 이루어낼 수 없는 세계적인 업적이다.

성경과 천주교 교리를 들여다보면 서양식 합리주의의 뿌리를 찾을 수 있다. 동양식의 경직된 사고나 가치체계에 비해 훨씬 더 유연하고 합리적인 서양식 사고의 뿌리도 성경에서 찾을 수 있다. 그동안 조선의 강력한 통제사회에서 억눌려 잠자고 있던 한민족의 유연한 사고가 천주교에 의해 다시 일깨워졌다고 보면 조선의 백성들이 신분에 관계없이 천주교에 심취하고 많은 순교자들이 발생한 이유가 어느 정도 설명된다.

서양 열강과 외교관계를 맺으면서 비로소 박해를 면하게 된 조선 천주교회는 천주교가 공인된 뒤 조선 땅에 들어온 개신교 선교사들과 함께 적극적인 포교활동을 벌였고, 이후 기독교는 한국 최대의 종교로 성장해 오늘에 이르고 있다.

7세기 마호메트는 기독교와 구약성서를 공유하는 이슬람교를 창시했는데 그 이후로는 국가 차원에서 주력 종교를 바꾼 경우를 찾기가 쉽지 않다. 하지만 한민족은 4세기에 불교를 받아들이고, 14세기에는 유교를 받아들였으며, 18세기에는 기독교를 받아들인, 유례를 찾기 어려운 종교 역사를 갖고 있다. 그만큼 새로운 것을 받아들이는 데 있어 개방적인 민족이라고 볼 수 있다. 또 서로 다른 것을 인정하는 폭넓은 사고력과 친

역사가 당신을 강하게 만든다

화력을 지닌 민족이라고 볼 수 있다.

섞여서 함께 살 수 있다는 것은 민족 형성의 역사를 추정할 수 있게 해준다. 한민족이 단일민족이라는 개념은 핏줄의 단일함을 얘기하는 것이 아니다. 언어, 풍속, 문화가 단일하다고 볼 수 있는 그룹의 사람들끼리 모여서 국가를 이루면 그게 바로 단일민족 국가이다. 우리나라에는 한반도 원주민, 북방에서 내려온 기마 유목민족, 볍씨를 들고 해양 바닷길을 통해 들어와 벼농사 문화를 전파한 남아시아 계통의 민족 등이 섞여 있지만 단일한 언어, 풍속, 문화를 공유하기 때문에 단일민족 국가인 것이다.

동학혁명 때 청나라에 원병을 청한 이유는 무엇일까

조선의 조정은 19세기 말 동학혁명이 일어나 혁명군이 전주관아를 점령하자 청나라에 원병을 요청했다. 원병 요청은 결과적으로 조선의 명줄을 끊어놓는 결정타가 되었다. 청군의 개입이 일본군의 개입을 초래해 청일전쟁의 도화선이 되었기 때문이다.

청나라에 원병을 요청한 것은 두 가지 측면에서 잘못된 의사결정이다. 첫째는 동학혁명은 충군애민사상, 즉 임금에게 충성하고 백성을 사랑하자는 뜻에 기반을 두고 있다. 동학혁명은 탐관오리를 처벌하고 일본의 침략을 막는 것이 주목표였지 임금의 권위에 도전하려는 것이 아니었으므로 굳이 청나라에 원군을 청할 이유가 없었다. 왕이 도승지를 보내 혁명군 수뇌부의 의견을 들은 뒤 내정과 외교에 그 의견을 반영하는 절차를 밟고 필요할 경우 왕이 혁명군의 수뇌부에게 알현을 허락했다면 무난하게 처리될 수 있는 사건이었다. 오히려 동학혁명을 조선의 내부 개혁과 외교적 입장 강화를 위해 활용할 여지도 충분했다.

둘째는 앞서 언급한 톈진조약 때문이다. 1882년 임오군란, 1884년 갑신정변을 거치면서 청나라와 일본은 1885년에 톈진조약을 맺었는데 그 내용 중 하나가 어느 일방이 조선에 파병하면 상대방에게 이를 통보한다는 것이었다. 일본은 이 조항을 조선에 서로 군대를 파병할 수 있다는 뜻으로 해석하고 있었다. 당시 일본에서는 야만적인 조선을 정벌해서 일본의 식민지로 삼아야 한다는 정한론이 한창 대두되고 있는 상황이었고, 이미 군사력에서 청나라보다 우위에 있다고 생각한 일본 지배층은 조선에 대한 청나라의 종주권을 빼앗을 기회를 호시탐탐 엿보고 있었다. 1876년에 체결된 병자수호조약은 일본인에게 치외법권을 허용하는 불평등조약이어서 1876년 이후 일본의 침탈이 가속화되는 상황이었다. 청군의 개입이 일본군의 개입을 부른다는 사실을 알았다면 청나라에 파병을 요청하지 말았어야 했다.

그렇다면 임진왜란과 같은 왕조의 위기가 아닌데도 조선 조정이 굳이 청나라에 파병을 요청한 이유는 무엇일까?

첫째, 조선 조정이 톈진조약의 존재를 몰랐을 가능성이 있다. 혹은 톈진조약의 존재를 알았더라도 청나라는 톈진조약을 해석하는 데 있어 일본과 차이가 있었기 때문에 청군의 개입이 일본군의 개입을 자동적으로 부르지는 않을 것이라고 오판했을 가능성도 있다.· 조선 조정이 일본에 몰아치고 있는 정한론과 그에 따른 일본정부의 야욕, 삼남지방을 중심으로 나날이 늘어나는 일본 상인들의 횡포를 이해하고 있었다면 일본이 텐진조약의 내용과 관계없이 조선에 개입할 구실로 청군 파병을 이용할 가능성을 경계해야 했다. 일본정부는 청나라를 제압하고 조선에 대한 종주권을 빼앗아올 기회를 엿보는 데 온 신경을 집중하고 있었는데 조선 조정이 이를 놓치고 있었던 것이다.

둘째, 임오군란 때 청군이 개입해 대원군을 청나라로 납치해 가면서 가볍게 상황이 종료되었던 기억을 떠올리고 아무 생각 없이 또 다시 덜컥 청나라에 파병을 요청했을 수도 있다. 조선 조정의 사고능력이나 시야를 고려할 때 이런 뻘짓을 할 가능성도 충분하다. 사실 따지고 보면 임오군란 때 내정 문제로 인한 갈등을 해결하기 위해 청나라에 파병을 요청한 것부터 잘못이었다. 청나라의 도움으로 고종이 정치 라이벌인 대원군을 제거하긴 했지만 이후 조선은 청나라에 더욱 예속되었고 갑신정변을 거치면서 청나라와 일본 사이에 텐진조약이 체결되는 상황을 초래했기 때문이다.

셋째, 조선 조정 내부에서 숨을 죽이고 있던 친일세력이 고종을 부추겼을 가능성도 있다. 1884년 갑신정변 때 일본을 등에 업었던 친일개화세력이 완전히 제거되지 않은 상황이었으므로 조선 조정 내부에 일본을

• 동학도 대책을 위한 어전회의에서 일부 대신이 텐진조약의 존재를 알고 주의를 환기시키긴 했다.

역사가 당신을 강하게 만든다

위해 활동하는 사람이 있었을 것이다. 임오군란이 일어나자 조선 조정이 앞뒤 돌아보지 않고 허겁지겁 청나라에 출병을 요청한 사실을 기억하는 일본정부가 친일세력에게 유사한 정변이 발생할 경우 청나라에 출병 요청을 하도록 고종을 설득하라고 사전 지시를 내렸을 가능성도 고려할 수 있다. 용의주도한 일본이 청나라 군대와 조우할 수 있는 기회를 만든 후 전쟁을 일으키기 위해 사전에 치밀한 계략을 준비했을 가능성도 충분하다.

조정 내부의 친일개화파 세력이 청군 파병 요청과 관련해 일본정부와 사전에 교감하지 않았다 하더라도 일본군이 개입하면 그 힘을 이용해 조선을 개혁하겠다는 다소 순진한 생각을 가졌을 가능성도 있다. 실제로 일본군이 청군을 제압한 후 일본정부의 입김 아래 친일파 내각이 등장하자 갑오경장 개혁이 이루어졌다. 당시 친일개화 세력은 조선을 일본에 바칠 생각까지 하지는 않았을 것이다. 하지만 일본의 힘을 이용해서 내정개혁을 한다는 개념만 가졌을 뿐, 그 후폭풍을 정확하게 계산하지 못함으로써 결과적으로 민족사에 큰 불행을 초래했다고 할 수 있다.

넷째, 청나라에서 감국으로 조선에 파견되어 내정간섭을 일삼던 원세개가 청군 파병을 강요했을 가능성도 있다. 일본공사관의 탐문자료에 따르면 원세개는 청나라의 종주권을 확립하기 위해 청군 파병이 필요하다고 보고 조선 관리 민영준에게 조선 조정이 파병 요청을 하도록 강요했다고 한다.* 하지만 이 가능성에는 몇 가지 의문점이 있다. 우선, 민영준과 원세개가 나눈 의견 교환을 일본 쪽에서 어떤 루트로 탐문했는지 불분명하다는 것이다. 민영준이나 원세개 중 한 명이 일본과 긴밀한 관계에 있지 않는 한 결코 쉬운 일이 아니다.

특히 청나라정부가 텐진조약에 의거해 청군 파병계획을 결정한 날로부터 5일 후에 일본정부에 통보했는데도 일본군은 청군 본진이 아산에 상륙한 날보다 3일 먼저 인천에 상륙했다.** 일본공사관이 원세개, 민영준, 조선 조정, 청나라 조정 간의 의견 교환 과정과 내용을 실시간으로 파악하고 있었고 일본군이 출동 준비 태세로 대기하고 있었다는 것인데, 뭔가 냄새가 풍긴다. 원세개가 개인적인 동기로 일본과 의심스러운 거래를 해서 일본의 가려운 곳을 긁어줬을 가능성을 100% 배제하기 어렵다. 원세개가 아무리 감국의 지위에 있었다지만 민영준을 제외한 나머지 조선 고위관료들이 거세게 반대하면 파병 요청이 성사되기는 어려웠을 텐데, 분명히 조선 조정의 일부 세력이 맞장구를 쳤기 때문에 파병이 성사되었을 것이다.

원세개는 청일전쟁이 끝나고 1894년에 청나라로 돌아가 출세가도를 달렸다. 공화국 총통에 오르고 황제 자리까지 넘봤다. 1882년 임오군란 때 불과 23세의 청년으로서 오장경의 부하장교로 조선에 왔던 그가 12

---

* 여기에 관해서는 이양자, 『감국대신 위안스카이』(한울엠플러스, 2020) 참조.
** 청군 선발대는 파병을 결정한 당일에 아산에 상륙했다.

년 동안 조선에서 무엇을 축적했기에 그 같은 출세가 가능했을까? 야망이 큰 원세개가 조선을 떠나 중국에서 큰 뜻을 펴기 위해 일본을 불러들였을 가능성은 없을까? 조선은 도대체 어떤 나라였기에 망해가는 청나라의 젊은 장교에게 시달리고 농락당했을까? 조선 임금과 대신들은 나라를 경영하는 목표가 무엇이었을까? 이런 의문이 들다 보면 가슴이 꽉 막혀 숨쉬기조차 힘들다.

8

고종은 왜 러시아공사관으로 피신했을까

1895년 10월 일어난 민비시해 사건(을미사변)은 조선이 처한 어려운 상황을 극단적으로 표출한 사건이다. 자기 나라의 왕궁에서 왕비가 외국의 침략군도 아니고 외국인 폭도들에게 잔인하게 죽임을 당한 것은 그 당시에도 국제사회에서 큰 충격으로 받아들여졌다. 을미사변은 조선인 협력자들이 있었기에 가능했는데, 위로는 대원군과 친일파 관료, 아래로는 조선 군대의 친일 개화파 장교들이 가담했다는 정황이 포착되고 있다.

일본은 친러파 왕비를 죽여 일본의 한반도 진출을 막는 장애물을 제거해야 했고, 대원군을 비롯한 민비의 정적들은 민비를 제거하고 다시 권력을 잡는 데 혈안이 되어 있었다. 특히 흥선대원군은 임오군란 당시 청군을 불러들여 자신을 청나라로 잡아가게 한 장본인으로 민비를 지목하고 원한을 품고 있었다고 한다.

민비시해의 현장에 있었던 고종은 큰 충격과 함께 공포에 빠졌고 일본의 손아귀에 있는 친일내각을 견제하고 조선의 주권을 방어할 방도를 찾아야 했다. 고종이 친러파 이범진과 이완용의 건의에 따라 아라사(러시아의 조선식 표기)공사관으로 거처를 옮긴 사건이 아관파천(俄館播遷)이다. 고종은 아라사공사관에서 1년간 머무르면서 친일개혁세력을 내각에서 배제하고 대한제국을 선포해 황제를 칭하면서 정국의 주도권을 어느 정도 회복했다.

1894년 청군과 일본군이 상륙하여 전운이 감돌자 외국 공사관에 망명 의사를 타진한 바 있었던 고종은 경성에 있는 다른 유력한 국가의 공사관을 파천 대상으로 고려하지 않고 왜 아라사공사관을 선택했을까? 사실 을미사변 당시 조선군 시위대를 지휘해 폭도로 위장한 일본 군대와 싸웠던 시위대 사령관은 미국인 윌리엄 매킨타이어 다이(William McEntyre Dye) 대령이었기 때문에 미국공사관과의 교감도 가능한 상황이었고, 러시아와 함께 소위 3국 간섭을 통해 청일전쟁의 전승국 일본을 견제해 전쟁배상으로 빼앗은 청나라 땅을 다시 돌려주도록 압력을 가한 독일공사관과 프랑스공사관도 선택지에 포함될 수 있었다. 실제로 프랑스 언론에서는 을미사변을 크게 다루기도 했다.

영국은 당시 최강국이었지만 일본에 우호적이어서 선택지에 포함되기 어려웠다. 영국은 1885년 러시아의 남진을 저지할 목적으로 거문도를 점령했다가 철수한 이후 한반도에서의 러시아의 움직임을 예의주시하고 있었으므로 고종이 아라사공관으로 피신한 것을 달갑게 보지 않았을 것이다. 영국은 러시아를 견제할 목적으로 일본과의 군사협력을 더욱 강화할 필요성을 인식했을 것이고 이러한 인식이 한일관계의 불균형을 더욱 심화시켜 조선에게 불리하게 작용한 것은 분명해 보인다.

조선 조정, 특히 고종은 국제정치 감각이 무디고 국제정세의 흐름을 읽지 못했기 때문에 여러 선택지 중에서도 러시아를 선택했고, 이로써 영국과 미국에게 친러국가로 오해받는 결과를 초래했다.

이 대목에서 국제질서의 형성과 움직임에 대해 공부할 수 있는 절호의 기회였던 거문도사건 때 영국과 직접 대화하며 영국의 입장을 정확하게 파악하지 못했던 것이 못내 아쉽다. 직접 대화했더라면 러시아가 유럽에서 어떤 대접을 받고 있는지, 영국이 러시아를 견제하고자 하는 의지가 얼마나 강력한지 이해하게 되었을 것이고, 국제질서를 지도하는 중심 국가가 영국이라는 사실도 파악했을 것이다. 그랬다면 어떻게 해서든 영국에 접근해 우호적인 관계를 맺으려 노력했을 것이다.

을미사변을 겪은 조선 조정은 일본의 위협에 당당하게 맞서 국제여론에 호소하며 투쟁하든지 아니면 영국, 미국, 프랑스, 독일 중의 하나를 선택해 파천을 시도하든지 했어야 했다. 가장 좋은 선택은 영국과 직거래해서 러시아의 남진을 저지하는 대열에 합류하는 것이었다. 영국은 당시 국제질서를 주도하는 국가였으며, 영국과의 협력은 동시에 미국과의 협력을 의미하는 것이었다. 만약 영국과 미국을 동시에 업었다면 일

역사가 당신을 강하게 만든다

본의 조선 지배 야욕도 상당히 견제되지 않았을까?

고종이 러시아를 선택한 것은 총애하던 신하 이범진과 이완용이 친러파였고 러시아공사가 적극적으로 나왔기 때문이다. 당시 결정은 국가의 운명을 고려한 신중한 선택이라기보다는 지극히 감성적이고 개인의 선호에 따른 경솔한 선택이어서 두고두고 아쉬운 대목이 아닐 수 없다.

러시아는 고종을 볼모로 삼아 조선 왕실을 보호한다는 명목으로 조선에서 상당한 이권을 챙겼지만 조선의 국력 신장, 예를 들어 군사력 강화를 위한 원조에는 소극적이었다. 아관파천을 통해 일본은 조선을 지배하기 위해서는 러시아와의 전쟁이 불가피하다는 인식을 굳혔다. 아관파천은 영국과 미국이 러시아의 남진을 저지하기 위해 일본의 군사력 강화를 적극 지원하는 계기가 된 사건이자 조선을 일본 지배 아래 두는 것이 러시아의 남진을 저지하는 데 유리하다고 판단하게 만든 사건이라고 보아야 한다. 러일전쟁 때 일본전쟁 국채를 구입한 사람은 유태계 미국 자본가 제이콥 헨리 시프(Jacob Henry Schiff)였고 일본 해군의 주력 전함이 영국 비커스(Vickers)사에서 생산된 최신식 드레드노트급 전함 미카사였다는 사실이 이러한 관측을 뒷받침해 주는 증거이다.

1905년 러일전쟁이 끝난 후 가쓰라-태프트밀약에 따라 미국이 필리핀을 취하는 동시에 일본의 조선 지배를 용인한 것도 시어도어 루스벨트 대통령 개인의 소신에 의한 것이라기보다 영국과의 교감을 통해 내린 의사결정이었다고 보는 것이 현실적인 인식이다. 가쓰라-태프트밀약이 일본 동경에서 맺어진 후 불과 2주일 만에 영국 런던에서 일본과 영국이 제2차 영일동맹을 맺음으로써 영국은 조선에서의 일본의 권리를 인정하고 일본은 영국의 인도 경영에 협조하기로 신속하게 합의한 것이 좋은 증거이다.

여기에서 한 가지 가능성을 제기하고자 한다. 친러파 이완용은 훗날 친일파로 변신했고 한일 강제합병에 앞장선 친일파의 중심이었다. 조선 사대부들에게 큰 영향을 준 청나라 참찬관 황준헌의 책 『조선책략(朝鮮策略)』은 러시아를 견제할 목적으로 쓴 책이라서 러시아를 가까이 하라는 권고는 없다. 이 책에서는 친중국(親中國), 연미국(聯美國), 결일본(結日本)을 이야기한다. 따라서 친러파가 나타날 이유와 명분이 충분하지 않았다. 그런데도 왜 이완용은 아관파천을 주도했을까? 어쩌면 이완용은 처음부터 친일파였던 게 아닐까? 이완용이 아관파천을 주도한 것은 국제사회에서 일본의 입지를 다지는 데 큰 도움이 된다고 판단했기 때문일 수도 있다. 일본은 아관파천을 근거로 영국과 미국에게 러시아의 남진을 막으려면 친러 성향의 조선을 견제해야 하고, 조선을 견제하기 위해서는 조선을 일본의 통제하에 두어야 한다고 주장했을 수도 있다. 국제 정세를 보는 안목이 부족했던 고종이 일본이 이완용을 시켜 파놓은 함정에 빠졌을 가능성도 배제하지 말고 짚어볼 필요가 있다.˙

˙ 고종이 미국공사관 등 다른 나라의 공관에도 망명의사를 타진한 기록이 있지만 이러한 과정에서 고종의 메신저 역할을 도맡은 관리가 이완용이었다.

역사가 당신을 강하게 만든다

9

『조선책략』이 청나라의 발등을 찍었을까

 『조선책략』은 청나라 일본공사관의 참찬관인 황준헌이 저술한 것으로, 원래 제목은 『사의조선책략(私疑朝鮮策略)』이었다. 이 책은 1880년에 수신사로 일본을 방문한 김홍집이 황준헌에게서 받아온 것으로, 중화사대주의 조공외교가 외교의 전부였던 조선 사대부들에게 국제 정세를 알리는 한편 외교 다변화의 필요성에 눈 뜨게 해주었다는 데 큰 의미가 있다. 『조선책략』에는 현시점에서도 한반도 문제를 두고 대치하고 있는 4강의 이름이 나오고 영국의 이름도 잠깐 비친다. 프랑스, 독일, 이탈리아도 등장한다.

 그러나 『조선책략』에는 몇 가지 맹점이 있었다. 우선, 청나라의 이해관계에 입각해 저술했다는 사실이다. 시베리아를 거쳐 북만주 지역으로 진출하려는 러시아는 청나라에게 골칫거리였다. 『조선책략』에서 러시아가 한반도에 흑심을 품을 수 있으니 조선의 급선무는 러시아의 남진을 막는 것이라 한 것은 이 때문일 수도 있다. 그리고 러시아의 영토 야욕을 저지하기 위해 중국과 친하게 지내고(친중국), 일본과 결속하고(결일본), 미국과 연결해야(연미국) 한다고 주장했다. 사실 러시아는 겨울에도 얼지 않는 부동항을 얻기 위해 유럽에서 크림반도로 진출하려다가 영국에 의해 저지된 바 있어 한반도에 큰 관심을 갖고 있었던 것은 사실이다.

둘째, 당시 세계의 중심 국가로서 외교무대에서 영향력이 컸던 영국에 대한 언급이 소홀하다. 영국을 단지 미국을 설명하는 중에 아메리카에서 폭정을 행한 국가로 잠깐 설명하는 게 전부이다. 영국을 소홀히 한 이유는 한반도와 지리적으로 멀리 떨어져 있기 때문이라고 알려져 있는데, 이는 설득력이 떨어진다. 1885년에 영국이 러시아의 남진을 막기 위해 거문도를 점령한 바 있기 때문이다. 영국을 소홀히 한 이유에 대해서는 두 차례에 걸친 아편전쟁으로 인해 양국이 서먹서먹한 상태였기 때문이라는 추론도 가능하다. 사실 아편전쟁은 중국의 자존심을 뭉갠 전쟁으로, 세계 역사상 유례를 찾기 어려운 부도덕한 전쟁이었다. 따라서 청나라로서는 영국이라고 하면 자다가도 벌떡 일어날 만큼 감정이 좋지 않았을 것이다.

만약 『조선책략』에서 영국의 국제적 지위에 대해 정확히 언급하고 조선에게 영국의 중요성을 일깨워주었다면 거문도사건을 계기로 조선의

　　　　　　역사가 당신을 강하게 만든다

개화파가 영국에 접근하기 위해 노력했을 수도 있다. 조선은 영국의 국제적 위치에 관한 사전지식이 없었고 임오군란 이후 조선의 내정에 깊이 간여하기 시작한 청나라를 통해 영국과 간접적으로 교섭했다. 청나라의 실권자 이홍장은 영국의 거문도 점령을 용인해 주면 다른 나라들도 조선의 영토를 강제로 점령할 가능성이 크다는 점을 감안해 영국을 설득해 1887년에 거문도에서 철수하게 만들었다.

『조선책략』은 조선 사대부의 필독서가 된 한편, 친청파, 친일파, 친러파, 친미파 등으로 분열되는 계기를 제공했다. 청나라는 조선이 미국, 유럽 국가들과 외교관계를 맺도록 주선했는데 그렇게 함으로써 한반도로 진출하려는 러시아를 견제할 수 있다고 생각했다. 『조선책략』은 조선이 청나라의 이익을 위해 움직이도록 만들려는 의도로 기획되었지만 결국 청나라에게 해를 끼치는 결과를 초래했다고 보아야 한다.

1876년 조선이 일본과 불평등수호조약을 맺은 후 조선이 개항해 민간의 무역활동을 허용하면서 일본인들이 치외법권으로 보호되었다. 조선 당국은 일본 상인들의 상거래를 감독할 수 없었기 때문에 상거래의 정당성 여부를 따질 수 없었다. 그 결과 일본 상인들의 탐욕에 조선 백성들이 시달리기 시작했다. 이처럼 반일감정이 점차 커져가고 있는 시점에 결일본을 주장한 『조선책략』은 반일세력보다는 친일세력에게 힘을 보태는 효과가 있었다. 명분을 중시하는 조선 사대부들에게 당시 청국 관리가 쓴 책은 충분히 무게가 있었다. 실제로 『조선책략』이 조선에 전해진 후 4년이 지난 1884년에는 김옥균 등 친일개화파가 친청수구파를 제거하기 위해 갑신정변을 일으켰다.

만약 『조선책략』이 없었다면, 그래서 조선의 생존을 위해 결일본해야 한다는 주장이 없었다면 임진왜란 이후부터 조선 조정과 백성이 일본에 품고 있던 피해의식과 경계심을 일각에서나마 허물기는 어려웠을 것이다. 게다가 1876년에 무력시위를 통해 불평등조약을 강요했던 일본에 대한 경계심이 고조된 상황에서 경계심을 풀 명분을 찾기 어려웠을 것이다. 그러므로 『조선책략』은 청나라가 제 꾀에 빠져 제 발등을 찍은 것이라고 할 수 있다.

청나라 일본공사관 참찬관이었던 황준헌이 어떤 의도로 결일본을 주장했는지, 저술 내용에 그 파급효과를 감안했는지는 정확히 알 수 없다. 아마도 일본이 아직까지는 청나라의 적수가 될 수 없다는 우월감에 잠시 방심했을 가능성이 크다. 황준헌은 미국을 열심히 배우며 무럭무럭 자라는 일본의 근대산업과 군사력을 일본에서 직접 목격하고 있었지만 설마 일본이 청나라에 대적할 만큼 성장하리라고는 생각하지 못했을 것이다.

황준헌이 당시 일본에서 고개를 들던 정한론을 인지했는지 여부는 알 수 없지만, 이를 알고 있었더라도 크게 긴장감을 느끼지는 않았을 가능성이 크다. 1876년 조선과 일본이 맺은 병자수호조약의 제1조는 "조선은 자주의 나라로서 일본과 평등한 권리를 갖는다"라는 내용이다. 이는

역사가 당신을 강하게 만든다

조선의 자주를 강조하면서 사실상 청나라의 종주권을 부정한 것이므로 일본은 이미 청나라의 경계대상이었다. 따라서 청나라 관리가 결일본을 주장할 상황은 아니었다.

어쩌면 일본에서 외교관으로 근무하면서 일본에 우호적인 감정을 품고 있다 보니 잠깐 방심해 적과 아군을 명확하게 구분하는 데 소홀했을 가능성도 있다. 로널드 레이건(Ronald Reagan) 대통령 시절 국무장관을 지낸 조지 슐츠(George Shultz)는 재외근무를 떠나는 대사가 부임신고를 하러 오면 지구본을 돌리면서 "당신의 나라가 어디인가?"라는 질문을 던졌다고 한다. 대개의 경우 자신이 근무하게 될 상대방 국가를 언급하는데 이때 따끔하게 당신의 나라가 미국임을 잊지 말라고 충고했다는 일화가 있다. 상대방 국가에서 오래 살다 보면 정이 들어 방심하다가 판단력이 흐려질 수 있는데 이를 경계하라고 주문했던 것이다.

제 4 장

전략형 인재를 위한 역사 다시 읽기
불편한 진실을 알아야 전략이 보인다

어느 나라 역사나 밝은 면도 있고 어두운 면도 있다. 역사를 깊이 있게 들여다보고 생각을 가다듬으면 역사에서 의미 있는 교훈을 얻을 수 있는데, 성공한 역사에만 교훈이 있는 것은 아니다. 오히려 실패한 역사, 부끄러운 역사에서 더 값진 교훈을 얻을 수 있다. 개인의 인생과 마찬가지로 국가의 흥망성쇠에서도 성공을 계속 이어가는 것보다 실패를 반복하지 않는 것이 더 중요하기 때문이다.

밝은 역사만 후세에 전하면 어두운 역사가 발생한 원인과 전개된 과정에 대한 지식이 없기 때문에 어두운 역사가 발생할 조짐을 포착하고 대비하기 어렵다. 따라서 어두운 역사가 반복될 확률이 높아진다. 그러므로 어두운 역사도 후세에 상세하게 전해야 한다. 그뿐만 아니라 어두운 역사가 발생한 원인과 파급효과에 대해서도 철저히 분석해야 한다.

축소나 왜곡을 통해 어두운 역사를 굳이 상세하고 정확하게 가르치지 않는 것이 민족의 자긍심을 높이는 길이라고 생각할 수도 있는데, 이는 짧은 생각이다. 잠시 자긍심을 느낄지 모르지만, 역사를 통해 전략적 사고능력을 충분히 배양하지 못하는 것은 미래에 발생할 실패한 역사를 예약하는 것이나 다름없기 때문이다.

1

삼국의 몰락

660년 백제가 멸망한 뒤 이어서 668년 고구려가 멸망함으로써 삼국시대가 끝나고 통일신라는 대동강과 원산을 잇는 선 아래의 영토를 차지했다. 삼국시대에는 세 나라가 만주와 한반도를 아우르는 큰 영토를 통치했으나 이제 한반도 중남부로 대폭 축소된 것이다.

우리 역사를 평가하고 교육하는 과정에서 신라의 삼국통일을 하나의 업적으로 기술하는 태도는 온당하지 못하다. 민족의 강역이 대폭 줄어들었으니 통탄할 일임이 분명한데 '아쉬운 점이 있지만 업적은 업적'인 것으로 인식되는 이유는 무엇일까?

첫째, 삼국의 역사가 승자인 신라의 관점에서 남긴 기록밖에 없기 때문이다. 신라 측 역사 기록에 따르면 백제의 마지막 왕인 의자왕은 군주로서의 자질이 많이 부족한 것으로 묘사되어 있다. 3000명의 궁녀를 거느리고 사치와 향락을 일삼고 성충, 홍수와 같은 충신을 멀리하고 간신들에게 둘러싸여 있었다는 것이다. 고구려도 연개소문의 아들 남생과 남건의 암투로 와해된 것으로 기술하고 있다. 다시 말해서 백제와 고구려의 지배층이 부도덕하고 무능해서 천하의 기운이 신라로 쏠릴 수밖에 없었다고 설명하고 있는 것이다.

언뜻 생각하면 그럴싸해 보이지만 번성하던 나라가 멸망한 원인을 설명하기에는 논리 비약이 심하고 설득력도 부족한 것이 사실이다. 동서고금을 막론하고 권력을 두고 암투를 벌이지 않은 왕조는 드물고 사치와 향락에서 완전하게 자유로운 왕조도 찾기 어렵다. 따라서 승자의 기록에만 의존하지 말고 군사전략적 측면에서 당시의 상황을 분석적으로 평가해 볼 필요가 있다.

둘째, 조선총독부는 1919년 3·1독립운동에 상당한 충격을 받고 통치방식에 변화를 주었다. 일본은 유화책을 쓰면서도 식민통치를 정당화하기 위해 1925년에 조선사편수회를 설치해 우리나라의 역사를 왜곡해서 민족정기를 흐려놓으려는 작업을 했다. 조선사편수회는 조선은 반도국가에 불과하다는 인식을 고착하기 위해 신라 측 역사 기록에 정통성을 부여하는 데 가세했다. 조선사편수회에 참여한 학자들의 한국인 제자들은 해방 이후에도 우리 국사학계에서 활동했다. 해방 이후 6·25전쟁, 4·19혁명, 5·16군사쿠데타 등 혼란기를 겪고 가난에 시달리던 시절을 지내다 보니 이러한 견해가 어느 정도 고착된 것이 아닌가 생각된다.

역사가 당신을 강하게 만든다

한국사회는 적반하장, 아전인수, 곡학아세, 후안무치 등으로 묘사되는 부도덕성이 아무렇지도 않게 받아들여지고 도덕 분별보다는 제 식구 감싸기 식의 진영논리가 앞서는 고질적 병폐를 안고 있다. 이러한 현상의 출발점이 삼국통일을 업적으로 인정하는 데서 비롯된다고 생각한다. 신라 혼자만의 힘으로 통일한 것도 아니고 이민족인 당나라 군대를 불러들여 동족 국가의 등에 칼을 들이댄 신라가 왜 조금이라도 칭찬받아야 하는지 누구라도 설득력 있게 설명해 주면 좋겠다.

민족주의 사학자 신채호는 "다른 종족을 끌어들여 같은 종족을 멸망시키는 것은 도적을 불러들여 형제를 죽이는 것과 다를 바 없다"라며 신라를 비난했다. 삼국끼리 싸우다가도 이민족이 침입하면 힘을 합해서 일단 이민족을 격퇴시키는 것이 우선이다. 중일전쟁 때 원수지간인 모택동과 장개석이 손을 잡고 일본군과 싸운 국공합작이 좋은 예라고 할 수 있다.

어떻게 설명하더라도 신라의 행보를 정당화하기는 어렵다. 고구려와 백제가 신라의 팽창정책에 대항하기 위해 맺은 여제동맹으로 인해 생존의 위협을 느꼈기 때문이라면, 고구려와 백제에게서 빼앗은 영토를 돌려주어야 했다.

당나라와 동맹을 맺은 사실을 고구려와 백제에게 정식으로 통보하기만 했더라도 고구려와 백제가 신라를 함부로 공격하기는 어려웠을 것이다. 그러나 신라는 당나라의 번신을 자처하면서 당나라의 동맹국이 아니라 당나라의 신하로서 당나라의 지시를 받았으며 당나라와의 관계를 비밀에 붙였다. 그렇기 때문에 신라의 행보는 신라가 민족의식 없이 그저 영토를 확장하겠다는 의지만 확고했다는 해석이 가능하다. 백보 양보해 신라가 민족의식을 갖고 있었다고 하더라도 여제동맹을 맺은 고구려와 백제가 신라를 공격할 가능성에 대한 지나친 공포심 때문에 잘못된 판단을 내려 이민족을 끌어들인 것은 부인할 수 없는 사실이다.

'신라의 삼국통일'이라는 용어는 국사 교과서에서 사라져야 한다. 역사를 배우고 가르치는 목적 중 하나가 민족의 자긍심을 고취하는 것이기는 하다. 하지만 삼국이 몰락한 참담한 상황을 미화한다고 해서 민족적 자긍심이 고취되는 것은 아니다. 오히려 자라나는 세대의 분별력만 흐려져 옳고 그름을 구별하지 못하게 만들 것이다. 그리고 반도 안에 갇혀서 사는 것을 숙명이라고 여기게 되어 심리적으로 위축될 것이다. 신라의 잘못을 제대로 비판해야 우리가 만주를 지배하던 민족이라는 자부심이 되살아날 것이다.

고구려가 멸망한 것은 당나라와 신라가 동시에 침공할 가능성에 대해 아무런 사전대비가 없었기 때문이다. 당나라는 신라가 함께 백제를 공격하자고 먼저 제안했을 때 속으로 쾌재를 불렀을 것이다. 고구려와 같은 부여 계통인 백제가 멸망하면 당나라는 백제를 거점으로 해서 고구려를 남과 북에서 압박할 수 있었기 때문에 숙원인 고구려 정벌에 성공할 수 있으리라 여겼을 것이다.

　　　　　　　　　　　　　역사가 당신을 강하게 만든다

백제와 고구려가 멸망한 이유는 군사작전상 대비책을 강구하지 못한 공격루트를 통해 공격을 받았기 때문이지, 지도자의 자질이 모자라서 스스로 붕괴한 것은 아니다. 고구려는 수나라와 당나라가 국운을 걸고 일으킨 전쟁에서 모두 승리했는데, 중국 측의 결정적인 약점은 병참보급선이 길어 식량과 보충 병력을 확보하기 어렵다는 것이었다. 그런데 백제의 멸망으로 한강유역을 장악한 신라가 병참보급선의 약점을 보완하게 되자 고구려가 당군을 방어하기 어려운 여건이 조성되었다고 보는 것이 합리적인 분석이다. 게다가 고구려의 중요한 군사기지는 모두 요동지역에 형성되어 있었기 때문에 당나라 군대가 한강유역에 병력과 물자를 실어 나를 수 있는 보급 거점을 확보하고 평양성을 압박하는 새로운 상황에 대처하기 어려웠을 것이다.

신라의 행보가 정당화되기 어려운 이유는 백제와 고구려가 멸망한 후 당나라 군대와 신라군이 싸우는 국면에서도 찾을 수 있다. 백제와 고구려를 물리친 당나라는 신라와의 약속을 깨고 한반도를 직접 통치하려는 야욕을 드러냈다. 당나라는 고구려 지역을 9개의 도독부로 나누고 평양에 안동도호부를 설치하는 한편, 백제 5부에 도독부를 설치했다. 심지어는 신라 경주에도 도독부를 설치하려 해서 신라의 분노를 샀다. 당나라 군대를 대동강 이북으로 몰아내기 위한 7년 동안의 전쟁에서 백제의 유민들과 고구려의 유민들이 신라군과 힘을 합친 것은 신라를 부끄럽게 만들기에 충분했다.

신라가 당군을 몰아낸 것은 군사적으로 당군을 압도했기 때문은 아니다. 토번(지금의 티베트)이 당나라에 대대적인 공격을 가해 한반도에 더 이상 신경을 쓰기 어려운 상황이 되었기 때문이다.

만주에서는 고구려가 멸망한 지 30년이 지난 698년에 고구려의 유민들이 말갈세력과 연합해 발해를 건국했는데, 황제를 칭하고 독자적 연호를 쓰면서 고구려의 옛 강토를 상당 부분 회복했다. 엄밀히 얘기하자면 삼국시대가 남북국시대로 바뀐 것이라고 할 수 있다. 고구려를 승계한 발해가 건국된 것은 고구려가 지배층의 잘못으로 무너질 수밖에 없었다는 신라 측 역사 관점을 무색하게 만든다.

연개소문의 아들 남생과 남건의 반목과 권력투쟁은 동서고금에 흔히 목격되는 권력 다툼에 해당하는 것이다. 몽고제국 제4대 칸인 몽케칸이 죽자 후계를 놓고 심한 분쟁이 일어나 무력충돌까지 있었지만 원나라가 망하지는 않았고 권력투쟁의 승자 제5대 칸 쿠빌라이칸에 의해 세계적인 대제국이 만들어졌다. 청나라도 누르하치가 죽은 후 왕족 사이에 대립이 있었지만 홍타이지가 권력을 차지하고 잘 수습하자 더욱 강성해져서 중원의 주인이 되었다.

발해의 기원에 대해서 신라 측 역사 기록은 말갈의 발해라 해서 고구려와의 연계를 인정하지 않고 있다. 그러나 『구당서(舊唐書)』,『무경총요(武經總要)』같은 여러 역사서에서 발해가 고구려를 이은 국가라고 설명하고 있는 점을 감안하면 발해는 고구려와 말갈이 함께 세운 나라임

역사가 당신을 강하게 만든다

을 알 수 있다. 또한 말갈이 고구려에 복속되어 있었던 점을 감안하면 이를 주도한 세력은 고구려라고 보는 것이 옳을 것이다.

특히 조선 정조 때 실학자 유득공이 조선, 중국, 일본의 역사서를 참고해 저술한 『발해고(渤海考)』에 따르면 발해와 일본이 주고받은 국서에서 '발해는 고구려의 옛 영토를 회복한 나라이며 부여의 풍속을 간직한 나라'라는 점을 일본에 강조하고 있다. 유득공은 『발해고』 서문에서 남북국 개념을 처음 제시했다.

발해와 신라가 서로 교류한 내용은 역사에 크게 기술되어 있지 않은데 이는 상식적으로 납득되지 않는 부분이다. 백제 유민과 고구려 유민이 당나라와 싸우는 신라군을 도왔는데 발해가 신라와 감정이 좋지 않다고 해서 거의 200년 이상 교류를 하지 않았다는 것은 어불성설이다. 교류는 많았지만 기록에서 누락되었을 가능성에 더 무게를 두어야 한다.

역사는 기록에 의존하지만 상식을 뛰어넘을 수는 없다. 역사는 승자의 기록이며 패자에게는 기록을 남길 자격이 주어지지 않는다. 그러기에 역사는 항상 승자의 왜곡과 동거할 수밖에 없다. 우리는 상식에 입각한 건전한 상상력을 동원해 역사를 승자의 왜곡에서 해방시킬 의무가 있다.

삼국의 통일이라는 주제는 승자의 왜곡이 가장 심한 역사 기술이다. 따라서 삼국의 통일과 관련된 모든 역사 기술을 재검토해야 한다. 재검토를 통해서 역사를 새로 기술하고 민족정기를 바로 세워 자라나는 세대를 더 이상 헷갈리게 하지 말아야 한다. 그래야 제 식구만 감싸는 진영 논리가 판을 치는 혼란스러운 대한민국이 제자리를 잡게 될 것이다.

시시비비가 분명하지 않은 사회는 결국 반목과 불화에 휩싸이게 된다. 백제와 고구려가 멸망하면서 백제와 고구려의 수많은 백성들이 당나라에 포로로 끌려갔다. 그들이 겪은 고초를 상상하기는 어렵지 않을 것이다. 겨우 대동강과 원산을 잇는 선까지 민족의 강토를 제한하려고 수많은 백성들을 피눈물 나는 고난의 길로 몰아넣었다는 사실은 어떤 이유로도 정당화되어서는 안 된다.

발해가 고구려의 뒤를 이었다고 하나 고구려가 멸망하는 과정에서 많은 고구려 백성이 죽임을 당하고 신라로 귀순했으며, 강제적으로 또 자발적으로 중국 각지와 새외 유목민족의 땅으로 흩어졌다. 이 때문에 만주지역의 인적 구성에서 말갈의 색채가 강해짐으로써 민족적 결속력이 약해졌고 발해가 멸망하면서 결국 만주지역을 말갈의 땅으로 내주게 되었음을 부인하기는 어렵다. 발해가 멸망한 후 만주에서 일어난 다음 왕조가 말갈의 후예 여진족이 세운 금나라였다.

조선 말기에 임오군란, 동학혁명 같은 내부 갈등을 해결하기 위해 청나라에 파병을 요청하는 어처구니없는 실수를 저지른 것은 민족 내부의 문제를 해결하기 위해 외세를 불러들인 신라의 잘못을 제대로 반성한 적이 없기 때문이다. 이는 나라의 명줄을 스스로 끊는 어리석은 짓이었지만 이 또한 통렬한 비판을 받지 않고 있다.

　　　　　　　　　　　　역사가 당신을 강하게 만든다

국내 문제를 외세를 이용해 해결하려다가 민족이 망가진 사례는 고대 아일랜드 역사에서도 찾아볼 수 있다. 브리튼섬을 지배하던 로마가 철수하자 켈트족 원주민들(현재 아일랜드로 통칭되는 민족) 사이에 주도권 쟁탈전이 벌어졌는데, 독립투쟁파와 로마부역세력 간 투쟁에서 로마부역세력이 승리했다. 독립투쟁파는 이 결과를 받아들일 수 없다 해서 해외 용병을 불러들였다. 그러나 용병 신분으로 브리튼섬에 도착한 게르만 부족인 앵글로족과 색슨족은 그들의 땅을 빼앗으려는 욕심을 냈다. 결국 게르만 용병을 끌어들였던 켈트족 원주민은 영토를 게르만 부족들에게 헌납해야 했다. 그뿐 아니라 게르만 부족들이 벌인 인종청소에서도 희생양이 되었다. 게르만 부족은 켈트족 원주민들을 보는 대로 학살했기 때문이다. 그래서 아일랜드인의 조상인 켈트족은 고향인 브리튼섬에서 쫓겨나 아일랜드로 이주했고, 일부는 브리튼섬의 산악지대인 웨일즈와 스코틀랜드로 도망갔다. 삼국의 통일, 또는 통일신라라는 용어를 역사 교과서에서 퇴출해야 한다는 주장이 왜 설득력 있는지 이해가 갈 것이다.

2

계백 부대는 최후 결전을 벌인 결사대가 아니다

　백제의 장군 계백 결사대가 이끈 황산벌싸움은 극적이었다. 황산벌싸움을 짧게 요약하면 '계백은 출전에 앞서 적의 노예가 되는 치욕을 피하기 위해 처자식을 모두 죽이고 비상한 결의를 다졌다. 마지막으로 남아 있는 불과 5000명의 병력으로 5만 명이 넘는 신라군과 백제의 운명을 걸고 최후의 결전을 벌였다. 용감하게 잘 싸운 덕에 네 번 싸워 네 번 이겼지만 중과부적으로 힘이 부쳐 결국 지고 말았다. 신라군은 고전했으나 소년 화랑 관창이 분전하다가 전사하자 분발해서 승리했다'라는 이야기이다.

　이 이야기는 100% 진실일까? 100% 진실이라고 보기에는 지나치게 드라마틱하지 않은가?

　계백이 출전에 앞서 가족들을 죽였다는 이야기는 사실 믿기 어렵다.

가족들을 죽였다는 사실이 알려지면 부하 장졸들이 패전을 직감해 사기가 떨어지고 공포에 질려 탈영병이 속출했을 것이기 때문이다. 계백이 가족을 죽이면서까지 부하 장졸들의 사기를 떨어트릴 실책을 범했을 리 만무하다. 가족의 안위가 걱정되면 일단 피신하라 하고 자결을 위한 독약을 구해주는 것이 옳은 접근이다. 그러기에 우리는 백제가 패망한 역사를 역사 기록보다 합리적인 사고와 유물 고증에 입각해 다시 들여다보아야 한다.

한편 역사 기록과 달리 황산벌전투의 백제군 사령관은 좌평 충상이었으며, 달솔 계백과 달솔 상영은 부장으로 출전했다가 계백이 전사하자 충상과 상영이 신라에 투항했다는 주장도 있다. 만일 계백이 지휘관이 아니고 부장이었다면 역사에 부각된 이유가 무엇일까? 계백에 관한 스토리가 극적으로 보이게 윤색된 것은 아닐까? 승자인 신라가 패자인 백제의 역사를 왜곡하는 과정에서 문제의 본질을 호도하고 사람들의 시선을 붙잡아 두기 위해 감성에 호소하는 강렬한 스토리를 하나 제시한 것은 아니었을까? 충상이 지휘관이었는데 계백의 결사대로 윤색한 것은 최후의 결사대이니 싸우다 죽은 자가 지휘관이어야 극적인 효과가 생기기 때문은 아닐까? 투항해 호의호식한 자를 결사대의 지휘관으로 하면 애깃거리가 되지 않으니 말이다.

황산벌싸움에 대한 이야기는 나라가 망한 슬픔을 이기지 못하고 3000명의 궁녀가 물에 뛰어들었다는 또 하나의 극적인 얘기만큼이나 픽션일

가능성이 존재한다. 계백의 부대는 남은 병력을 모아 전쟁의 승패를 가르는 '최후의 결전'을 벌인 것으로 후세에 전해지고 있다. 과연 그럴까?

황산벌전투에 출전한 백제군 부대는 사비성을 떠나 웅진성으로 간 의자왕과 신료들에게 전열을 정비할 시간을 벌어주기 위해 '지연작전'을 수행했다고 보아야 한다. 아무리 다급한 상황이라도 백제라는 강성한 국가가 기획한 최후의 총력전이라고 보기에 5000명은 너무 적은 수라는 것이 의심의 단서이다. '국가의 운명을 건 최후의 결전에 5000명밖에 동원하지 못하는 곧 망할 나라'라는 인상을 주려고 했는지 모르지만 이 적은 숫자는 이 이야기가 왜곡임을 스스로 밝히고 있는 셈이다.

지연작전은 '시간을 벌기 위해 결정적인 전투를 피하면서 적의 전진을 늦추기 위한 방어 작전'이다. 백제 조정은 전열을 완전하게 갖출 때까지 주력부대끼리 결정적인 전투를 치르는 것을 미루기 위해 계백 부대에게 지연작전 임무를 부여했던 것이다.

실제로 의자왕은 웅진성으로 피신해 백제의 지방 병력을 집결시킨 뒤 결전을 벌이려 했다. 앞서 언급했듯이 웅진성주 예식은 이 중차대한 시점에 배신행위로 백제의 숨통을 끊었다. 예식이 의자왕을 포승줄에 묶은 뒤 당군 사령관 소정방에게 항복하는 어이없는 일이 벌어진 것이다. 따라서 의자왕과 백제 신민은 제대로 싸워보지도 못했다.

백제가 항복할 시점에 백제에 여전히 만만치 않은 전력이 남아 있었다는 간접증거는 충분하다.

역사가 당신을 강하게 만든다

첫째, 백제부흥운동이 일어났다는 점이다. 백제부흥운동은 지도층의 내분으로 실패했지만 4년 동안 활발하게 지속되었다. 한때 20여 개 성을 회복했고 일본에서 왕자 부여풍이 원군을 이끌고 오기도 했다. 661년에는 사비성을 포위 공격해 강한 압박을 가하자 당나라와 신라에서 구원 병력을 파견할 정도로 세력이 컸다.

둘째, 배신자 예식을 당나라 조정이 극진하게 대접했다는 점이다. 예식은 당나라의 대장군에 제수되었고 죽어서는 국가유공자 예우를 받아 특별한 곳인 고양원(高陽原)에 안장되었다. 그러나 예식이 당나라에서 이렇다 할 공적을 세운 것은 없다. 백제 부흥군을 이끌다가 당나라에 투항한 백제의 장군 흑치상지도 당나라 대장군이 되었는데, 흑치상지가 대장군이 된 것은 당나라의 골칫거리인 토번(지금의 티베트)을 정벌하는 과정에서 큰 공을 세웠기 때문이었다. 따라서 당나라가 예식을 극진하게 대접한 것은 예식의 배신행위가 백제 정벌전쟁에서 승리하는 데 결정적인 요소로 작용했다는 뜻으로 해석된다. 뒤집어 말하면 백제의 전력이 만만치 않은 상황에서 예식이 배신행위를 했고 이것이 승패를 갈랐다는 얘기이다. 백제가 의자왕의 실정으로 국가 시스템이 무너지고 남아 있는 전력이 형편없는 상황이었다면 예식의 배신은 큰 공적이 될 수 없었을 것이다. 예식의 목숨을 살려주고 재물을 얹어주는 선에서 보상해도 충분했을 것이다.

계백의 부대가 거의 모두 전사하면서 지연작전 임무를 100% 완수한 것은 맞지만 마지막 병력까지 긁어모아 최후의 결전을 벌인 것은 아니다. 지연작전과 관련해서는 6·25전쟁 초기인 1950년 7월에도 비슷한 전투 사례가 있다. 개전 초기 최전방에는 미국 육군 제24사단의 스미스부대(포병 1개 포대가 배속된 보병대대)가 투입되었다. 스미스부대는 큰 희생을 치르면서 오산 죽미령에서 북한군의 진격을 지연시켰고, 그 후 차례로 투입된 제24사단 예하부대들 역시 큰 희생을 치르면서도 북한군의 남진속도를 현저하게 떨어트렸다. 제24사단의 피해는 컸다. 예하 제34연대는 연대장이 전사하고 완전히 붕괴되어 부대 재편성을 포기하고 해체될 정도로 전멸에 가까운 피해를 입었다. 사단장 윌리엄 딘(William Dean) 소장은 대전전투에서 마지막 부대와 함께 철수하다가 매복공격을 받고 고립되어 전라북도 진안에서 포로가 되었다.

제24사단이 북한군과 벌인 전투를 참담하게 패전한 작전 실패 사례로 보는 시각도 있으나, 압도적인 전력을 지닌 북한군 주력과 맞서는 어려운 상황에서 분전해 전투 이후의 상황 전개를 유리하게 이끄는 역할을 했다는 긍정적인 시각도 존재한다. 즉, 전술적으로는 패배이지만 전략적으로는 승리라는 시각이다. 제24사단은 지연작전을 실행하는 결사대 역할을 했다. 제24사단은 오산 죽미령에서 대전까지 약 100km의 공간을 내주었지만 약 2주일의 시간을 벌어주었다. 이 귀중한 2주일 동안 남한은 국군을 재편성하고 미군의 제8군 예하 사단들을 낙동강 동쪽에 전개함으로써 견고한 방어선을 형성할 수 있었다.

역사가 당신을 강하게 만든다

의자왕은 결정적인 시기에 결전을 치르기 위해 지연작전을 수행하면서 반격작전을 준비했으나 믿었던 신하의 배신으로 천추의 한을 남겼을 가능성이 높다. 한편 초반에 백강과 탄현에서 침략군을 막아야 한다는 충신들의 주장을 의자왕이 받아들이지 않았다는 역사 기록도 면밀한 검토가 필요하다. 원정군과 초반에 결전을 벌이는 것이 반드시 최선은 아닐 것이다. 초반에는 원정군의 보급상태가 좋고 피로도도 낮아 전투력이 왕성하기 때문에 예봉을 피하는 것이 상책일 수 있다. 또 하나 중요하게 고려해야 할 요소가 있는데, 고구려와의 협동작전을 펴기 위해 시간을 벌어야 하는 현실적인 이유도 있었을 것이다.

1812년 나폴레옹이 러시아를 침공했을 때 러시아 조정은 식량이 될 만한 것은 모두 없애는 청야작전과 치고 빠지는 방식의 게릴라전법으로 프랑스 원정군을 괴롭히며 지치기를 기다렸다. 추운 겨울철이 오자 러시아는 굶주림과 추위로 사기가 떨어진 프랑스 원정군에게 대대적인 반격을 가해 나폴레옹에게 처절한 패배를 안겨주었다.

수나라 대군을 물리친 을지문덕 장군의 전술도 수나라 군대의 보급상황이 악화되어 수나라 군사들이 굶주림에 시달릴 때까지 게릴라 전술로 괴롭히며 기다리는 전술이었음을 상기해야 한다. 살수대첩만 강조하는 것은 을지문덕 장군의 기본 전술, 나아가 고구려가 중국 군대를 맞아 싸울 때 구사한 가장 중요한 전술 포인트를 제대로 가르쳐주지 못하는 것이다.

고구려에서 청야작전을 처음 제안하고 실행에 옮긴 이는 신대왕 때 실권자인 국상 명림답부로 알려지고 있다. 172년 한나라 군대가 침입했을 때 고구려는 청야작전에 입각한 지연전술을 폈다. 한나라 군대가 군량 부족으로 굶주림에 지쳐 퇴각하자 고구려 기병부대는 추격전을 벌여 큰 승리를 거두었다.

역사가 당신을 강하게 만든다

3

위화도 회군 4불가론은 궤변

1388년 이성계는 요동정벌이 부당하다고 주장하며 요동정벌에 나선 고려군을 위화도에서 회군해 거꾸로 개경으로 쳐들어갔다. 그런 뒤 최영 장군과 우왕을 제거하고 정권을 쥐었다. 이후 이성계는 두 차례 고려왕을 갈아치운 후 양위형식을 통해 조선을 개국하고 왕이 되었다.

요동정벌은 당시 명나라가 원나라 잔여세력과 싸우고 있었고 명나라 내부도 완전히 통일되지 않고 혼란스러웠던 점을 감안하면 군사적으로 해볼 만한 시도였다. 하지만 이성계는 소위 4불가론을 내세우며 위화도에서 회군한 본인의 입장을 합리화했다.

교과서에서는 요동정벌이 중단되고 조선이 건국된 사실을 담담하게 기술하고 있다. 하지만 요동정벌을 중단한 것은 우리 민족의 활동공간을 스스로 한반도에 가두는 자책골을 기록한 것이나 다름없다. 이 사건에 대해 주의를 환기시키지 않는 것은 역사교육이 사실 전달에 그칠 뿐, 역사교육을 통해 전략적 사고능력을 키운다는 차원은 고려되지 않고 있다는 증거이다. 적어도 고등학교 역사시간에는 위화도 회군에 따른 요동정벌 중단이 과연 옳았는가에 대한 치열한 토론을 벌여야 한다.

이성계가 제시한 4불가론은 다음과 같다. 첫째, 작은 나라가 큰 나라와 전쟁하는 것은 불가하다. 둘째, 농번기인 여름에 거병하는 것은 백성들에게 너무 불편하다. 셋째, 요동정벌 기간 중 왜구의 침략에 대비하기 어렵다. 넷째, 장마가 와서 활의 아교가 풀어져 활을 쏘기 어렵고 역병이 돌 수 있다.

4불가론은 일견 그럴듯해 보이지만 자세히 논리적으로 따져보면 궤변에 불과하고 이성계 일파의 이기적인 관점을 드러내고 있는 것이기도 하다.

우선, 작은 나라가 큰 나라에 덤비지 못한다는 것은 역사의 정체성을 전제한 주장이다. 즉, 크고 강한 나라는 늘 건재하고 작고 약한 나라는 늘 큰 나라를 섬긴다는 의미이다. 그러나 역사를 보면 왕조는 영원하지 않고 늘 신흥세력에 의해 대체된다. 다시 말해서 작은 나라가 큰 나라를 물리치는 역사가 동서를 막론하고 되풀이되어 왔다. 또한 요동정벌이 명나라를 정벌하거나 적대시한다는 의미보다는 우리 민족의 옛 강토를 되찾는다는 의미가 더 크기 때문에 명나라 조정에 잘 설명하고 양해를 구할 수도 있는 사안이었다. 다시 말하면 요동을 차지한 상태에서 명나

역사가 당신을 강하게 만든다

라와 조공외교관계를 수립할 수도 있었다.

둘째로 농번기에 거병하는 것을 문제 삼고 있는데, 국가의 운명을 좌우하는 싸움은 시간을 다투는 것이기 때문에 농번기 여부는 군사작전 개시시점을 결정할 때 고려사항이 될 수 없다. 다시 말해 적군의 준비 상황, 적군의 움직임, 아군의 전투력 등 군사적 고려사항에 의해서 개전시점이 결정되는 것이다. 농번기 운운하며 백성을 위하는 것처럼 포장한 것은 베테랑 무장으로서 할 말은 아니다. 이는 고려판 포퓰리즘으로 정치적 제스추어에 불과하다. 이 포퓰리즘적 접근이 이성계의 숨겨진 정치적 야심을 적나라하게 보여주고 있다고 보아야 한다. 위화도 회군은 이성계의 정치적 야심을 이루기 위한 군사쿠데타였던 것이다.

셋째로 왜구의 침략 가능성을 제시했는데, 왜구가 요동정벌을 떠나는 고려군을 보고 그때부터 군사를 소집하고 전쟁 준비를 위한 보급물자를 모으려면 많은 시일이 소요된다. 사전에 왜구가 조선을 치기 위해 완벽한 준비를 하고 대규모 병력을 상시 대기시켜 놓고 있지 않다면 요동정벌이 끝난 다음에나 고려에 당도할 수 있을 것이다. 따라서 왜구 침입 가능성도 그럴듯해 보이지만 유효한 논리적 주장이 아니다. 그리고 최영은 무관 출신이고 왜구와도 싸운 경험이 있으므로 왜구 쪽에 명백한 위험이 존재한다면 틀림없이 요동정벌의 시기를 조정했을 것이다. 왜구 쪽이 조용하니까 요동정벌을 단행하고자 했을 것이다. 사실 1380년 진포대첩에서 최무선이 우리 역사상 최초의 화약무기를 사용해 왜구를 크게 무찌른 이후 왜구의 활동이 많이 줄어든 상황이었다. 게다가 우왕은 요동원정군을 편성하면서 경기 지역의 병력은 제외해 혹시 있을지 모를 왜구의 침입에 대비하는 세밀함을 보였다.

마지막으로 비가 와서 활을 쏘지 못한다고 했는데, 이 주장은 맞지만 전쟁은 상대적인 것이라 비가 오면 적도 활을 쏘지 못하므로 같은 조건에서 싸우는 것이 된다. 따라서 이는 고려군에게만 불리한 요소가 아니며 전쟁을 연기할 이유로는 합당하지 못하다. 이 활 이야기는 위화도 회군 문제를 국가적 관점과 국제정치 역학적 측면에서 고민한 것이 아니라 지극히 이성계 개인의 관점에서 보았다는 간접증거이기도 하다. 잘 알려진 바와 같이 이성계는 날아가는 새를 쏘아 떨어뜨릴 정도의 명궁이었다. 명궁인 자신이 활을 쏘지 못한다는 이유로 국가의 운명이 걸린 요동 정벌의 시기를 논하는 것은 이성계가 이 중대한 사안을 자신의 정치적 이익을 고려해 사심을 품고 결정했다는 점을 강력히 시사하고 있다.

이성계는 압록강으로 진격할 때 당시 행군속도가 너무 느려 '곧 장마가 오니 행군속도를 높이라'라는 우왕의 독촉을 받았으나 무시했다. 위화도 에서도 시간을 끌며 압록강 물이 불어날 때까지 기다렸다가 도하를 시도해 군사들의 불만을 유도하고 회군의 명분을 쌓았다는 비판도 있다. 이 성계는 위화도에서 회군해 개경에 들이닥칠 때는 거의 4배 수준의 속도로 행군하는 모순된 행태를 보였다. 평양에서 출발한 원정군은 평양에서 신의주까지는 200km를 20일 걸려서 행군했지만(1일 평균 10km), 위화도

역사가 당신을 강하게 만든다

에서 회군할 때에는 신의주에서 개경까지 400km를 10일 만에 주파했다 (1일 평균 40km).[*]

위화도로 향하기 이전에 이미 쿠데타를 결심했다는 정황 증거도 있다. 가족들을 미리 대피시켜 놓았고 이성계의 사병집단은 위화도로 따라가지 않고 개경으로 들어왔던 것이다.

위화도 회군은 원의 지배를 벗어나 도약하려는 고려의 날개를 꺾어놓은 사건으로서 민족사적 관점에서 볼 때 지극히 불행하고 아쉬운 일이 아닐 수 없다. 자라나는 세대에게 위화도 회군의 정당성에 대해 토론할 기회를 주고 활발하게 의견을 교환하게 하는 것이 진정한 역사교육이다. 신궁으로 일컬어진 이성계의 무공과 용비어천가를 교육하는 데 그친다면 고려 말 조선 초 역사 격동기가 민족의 운명을 어떻게 바꾸었는지에 대해 국민들은 제대로 이해하지 못할 것이고 향후 유사한 역사적 격동기가 닥쳤을 때 헤쳐나갈 역량이 형성될 수 없을 것이다.

• 이상훈, 『전략전술의 한국사』에서 인용.

4

파국의 씨앗이 된 임진왜란 논공행상

임진왜란이 끝난 후 선조는 임진왜란 극복에 공이 있는 인물들을 공신에 책봉했다. 조선 개국 이래 최대의 국난이었고 왕조가 사라질 뻔한 위기를 모면한 것이어서 논공행상이 필요하긴 했다. 국난을 극복하기 위해 국민들이 지위고하를 불문하고 헌신하는 자세는 하나의 국가가 유지되고 발전해 나가는 데 필수적인 요소이다. 국난 극복에 공이 있는 사람에게 지위의 고하, 신분의 귀천을 막론하고 포상하는 것은 큰 의미가 있다. 그러나 만약 논공행상이 공정하게 이루어지지 않으면 다음 번 국난이 도래했을 때 국민들이 나서기를 주저하게 되고 국난을 극복하기 어려워질 것이다.

임진왜란에 대한 논공행상은 몇 가지 심각한 문제를 안고 있었다. 우선 사재를 털어 거병해서 목숨을 걸고 싸운 의병에 대한 포상이 없었다.

관군은 나라를 위해 싸울 의무가 있지만 의병은 스스로 나선 것이었기 때문에 크게 상찬해야 했는데, 조선 조정은 오히려 이름을 떨친 의병장들을 역적으로 몰아 더러는 죽이고 더러는 초야에 숨어 살게 만들었다.

한 예로 전라도 담양에서 거병해 큰 전공을 세운 청년 의병장 김덕령을 이몽학 역모사건에 연루된 것으로 오해하고 체포했다. 선조가 친히 국문했는데 뚜렷한 증거도 없는 상황에서 고문과 매질을 가해 김덕령은 결국 죽음에 이르렀다. 경상도 의병장 홍의장군 곽재우도 이몽학 역모사건에 연루되어 투옥되고 고초를 겪었지만 겨우 목숨을 부지했다. 홍의장군 곽재우는 전라도를 접수하러 가는 일본군 제6군 선봉부대를 정암진에서 격파해 일본군 제6군이 전라도로 진출하지 못하도록 한 인물이다. 전라도를 임진왜란 중 계속 온전하게 보전함으로써 조선의 숨통을 틔워주는 결정적인 공을 세웠던 것이다.

곽재우가 정암진전투에서 승리한 것은 이순신의 수군이 활약할 수 있는 후방 공간을 확보했다는 측면에서 군사전략상 중요한 의미가 있었다. 수군은 육상기지에서 보급과 휴식이 이루어지지 못하면 바다에 떠다니는 유령 신세가 될 수밖에 없다. 곽재우는 군공으로 따지면 당연히 선무공신 반열에 끼어야 했지만 그러지 못했다. 의병장 정문부는 가토 기요마사의 군대를 함경도에서 몰아내는 큰 공을 세웠지만 역시 선무공신 반열에 끼지 못했다. 정문부는 인조반정 후 이괄의 난에 연루되었다는 오해를 받아 처형되었다가 사후에 신원이 되고 복권되었다.

양반이 아닌 평민 의병들에 대해 포상이 이루어졌다는 얘기도 들은 적이 없다. 평민이나 천민 중에 의병으로 용감하게 싸워 공을 세운 자들에게는 신분 상승 또는 재물 수여 등의 보상이 주어져야 했으나 조정 차원에서 공식 절차를 거쳐 그렇게 했다는 얘기를 들어보지 못했다. 이러고도 다음 번 국난에 의병이 일어나길 기대한다면 그건 지나친 욕심일 것이다. 실제로 병자호란이 일어났을 때 의병이 활약한 사례는 크게 소개되지 않고 있다. 전투기간이 불과 2개월 남짓이어서 의병활동이 구체화되기에는 짧은 기간이기는 하나, 임진왜란 당시 경상도 의령에서 의병을 일으킨 홍의장군 곽재우의 경우 임진왜란이 발발하고 9일 만에 거병한 점을 감안하면 2개월이 결코 짧은 시간은 아니다.

공신의 등급을 매기는 데서도 형평성이 심각하게 훼손되었다. 전란 중에 괄목할 만한 무공을 세운 무관에게 수여하는 선무공신에서 이순신과 원균을 같은 1등급으로 포상한 것이다. 원균은 잘 알다시피 칠천량해전에서 크게 패배해 조선 수군을 전멸에 가까운 상황으로 몰고 간 지휘관인데 한산도대첩, 명량대첩, 노량대첩을 이끈 이순신과 어떻게 동급일 수가 있을까?

비록 원균이 칠천량해전에서 투항하지 않고 끝까지 싸우다 아들과 함께 순국한 충절은 높이 사야겠으나 매우 중요한 전투에서 전멸에 가까운 패전을 당해 나라를 위태롭게 한 사람이 공신 반열에 오르고 게다가 이순신과 동급의 공신에 책봉되었다는 것은 납득하기 어렵다.

역사가 당신을 강하게 만든다

다음 문제는 소위 호성공신이다. 호성공신은 선조가 야반에 도성 한양을 버리고 의주로 몽진할 때 선조를 따라갔던 조정 관리, 내시, 의원을 공신으로 책봉한 것이다. 조정 관리들은 일본의 침략 징후가 농후했고 도요토미 히데요시가 보낸 국서에 정명향도를 언급하며 침략 의도를 분명히 했으므로 마땅히 전쟁 준비에 박차를 가해야 했음에도 안이하게 대처했는데, 이들을 호성공신으로 대거 책봉한 것은 지나친 처사였다. 특히 선무공신은 18명에 불과했으나 호성공신은 무려 다섯 배에 가까운 86명이었다. 특히 호성공신 중 내시가 24명이나 되어 선무공신보다 많은 것은 상식으로는 도저히 이해하기 어려운 처사였다.

그렇다면 조선 조정과 선조는 숨겨진 목적이 있어서 논공행상을 이렇게 엉터리로 했을까? 조선 백성들에게 어떤 메시지를 주려고 했던 것일까? 선조와 조선 조정은 명나라의 재조지은을 특별히 강조했다. 즉, 멸망할 조선을 명나라가 원군을 보내 살려놓았다는 것이다. 여기에는 용의주도한 계산이 깔려 있었다. 국난 극복의 공이 명나라 원군을 불러들인 선조와 조정에 있다는 것을 강조하기 위해서였다. 이런 논리라면 호성공신의 공신 책봉도 정당화된다. 재조지은을 강조하다 보면 이순신의 공도 별것 아니어야 하고 의병들은 병정놀이 수준으로 격하되어야 마땅하다. 그래서 패전한 원균이나 승전한 이순신이나 딱히 구별할 필요가 없었다. 그들은 그저 용감하게 앞장서서 싸우다 장렬히 전사한 고위급 참전군인일 뿐이었던 것이다.

가장 높이 공을 기려야 할 의병장들이 오히려 된서리를 맞았던 것도 이 때문이다. 선조는 덕망 있고 지략도 있는 의병장들을 영웅으로 만들면 병력 동원능력을 지닌 의병장들이 반란을 일으켜 자신의 왕좌를 빼앗을지 모른다는 위기의식을 갖고 있었을 수도 있다.

　　『선조실록』에 보면 선조는 이순신의 공을 깎아내리고 원균에게는 호감을 보이면서 자신의 실책을 정당화하는 치졸한 언행을 보인다. "원균이 승전하고 노획한 공이 이순신과 같았는데 …… 도리어 이순신에게 빼앗긴 것이다"(『선조실록』 선조 36년 1603년 6월 26일). 선조는 조선 장졸의 희생을 폄하하는 망언도 서슴지 않았다. "중국 조정에서 군사를 동원해 강토를 회복했으니 …… 이것은 호종했던 신하들이 충성스러운 덕분 …… 우리나라 장졸에 있어서는 실제로 적을 물리친 공로가 없다"(『선조실록』, 선조 35년 1602년 7월 23일).

　　전쟁이 끝나고 아들 광해군을 상대로 수많은 선위파동을 벌임으로써 자신의 왕좌를 더욱 다지는 속보이는 행동을 한 용렬한 군주였던 선조, 사직을 구한 큰 공을 세운 이순신을 경계해 죽음에 몰아넣으려 했던 선조는 왕이 되지 말았어야 할 사람이다. 임진왜란으로 인해 조선은 물질적으로 피폐해진 한편, 국가에 헌신하는 행위의 숭고한 의미가 용렬한 군주에 의해 훼손됨으로써 정신적으로도 구심점을 잃었다. 이로 인해 조선은 긴 표류가 불가피해졌다.

　　실제로 조선은 개국 초기부터 16세기까지는 세계적으로 보아도 선진

　　　　　　　　　　　　역사가 당신을 강하게 만든다

국이라고 할 수 있었으나 임진왜란 이후 정체된 답보 상태에 머물렀다. 특히 18세기 중반에 시작된 산업혁명의 물결에서 차단됨으로 인해 국가의 산업경쟁력 및 산업경쟁력에 비례하는 군사력에서 유럽 및 유럽에 끈을 대고 있던 일본에 크게 뒤떨어지게 되었다.

일본은 17세기 전반부터 나가사키에 위치한 네덜란드 상관을 통해 유럽의 문물을 적극적으로 받아들이고 있었기 때문에 산업혁명의 조류를 타고 국가 발전을 이룩할 수 있었다. 19세기 후반부터는 미국과의 교류를 통해 미국의 선진문물을 받아들이면서 한 단계 업그레이드되었고, 이는 20세기 초반에 이르러 조선과 일본의 운명을 극명하게 갈라놓았다. 조선은 일본의 성장으로 인해 또 다시 국난을 맞았다. 하지만 조선의 지배층과 백성이 힘을 모아 이를 극복하기에는 이들 사이의 간격이 너무 벌어져 있어서 조선은 망국의 길을 걷게 되었다.

청나라 황제 건륭제는 1779년에 상벌이 분명하지 않은 것이 국가를 위기에 몰아넣을 수 있다고 했다. "명나라 신하로서 항복하지 않은 자들에게 우리 선대황제들은 오히려 은혜를 베풀었다. 그러나 명나라 임금과 신하들은 부하들에 대한 상벌이 분명하지 않았으니 망할 수밖에 없었다!" 명나라 마지막 황제인 숭정제는 명나라 최후의 보루 역할을 했던 명장이자 만주족이 가장 껄끄럽게 여겼던 원숭환(袁崇煥)이 역심을 품고 있는 것으로 의심해 날카로운 칼로 살점을 도려내는 형벌(책형)로 처참하게 죽인 바 있다.

5

이겼다는 신미양요에 숨겨진 진실

1871년 신미양요 때 강화도 광성보에서 맞붙은 조선 수비대와 미국 해군육전대 간 전투에는 교과서에서는 제대로 알려주지 않는 불편한 사실이 여럿 담겨 있다. 일부 교과서에는 조선 수비대가 미군을 물리친 것처럼 기술되어 있지만, 실은 미국 해군육전대의 일방적인 승리였고 싸움의 양상도 전투가 아닌 일방적인 도륙이었다. 조선 수비대는 궤멸되어서 300명이 넘는 인원이 전사했지만 미군은 단 3명만 전사했다.

조선 수비대와 미국 해군육전대는 장비편제를 비교하면 외관상 큰 차이가 없고 대등해 보인다. 조선 수비대도 소총, 대포, 군도, 망원경을 보유하고 있었다. 문제는 소총과 대포의 성능이 크게 달랐다는 것이다. 조선 수비대의 소총은 유효사거리가 100m 남짓한 구식 화승총이었지만 미국 해군육전대의 스프링필드 전장식 소총은 유효사거리가 900m나

되었다. 조선군 대포는 둥근 쇳덩어리가 날아가는 구식 직사포였지만 미군 대포는 작열탄이 날아가는 신식 12파운드 곡사포였다. 두 나라 군대의 화력을 비교하면 워낙 격차가 커서 전투 양상이 일방적인 도륙이 될 수밖에 없었다.

미국의 페리 제독은 일본에서 전투를 하지 않고 증기선 시위만으로 일본 개항에 성공했다. 이와 달리 조선에서는 미군이 광성보전투에서 압도적으로 이겼지만 조선 개항에는 실패했고 이로 인해 함대사령관 존 로저스(John Rodgers) 제독이 미국 국내에서 비판을 받았다고 알려져 있다. 정확하게 얘기하면 개항에 실패한 것이 아니라 로저스 제독 스스로 개항을 포기한 것이었다. 로저스 제독은 도저히 말이 통하지 않는 조선 관료들의 경직된 사고방식, 조선 백성들의 곤궁한 모습, 죽음을 두려워하지 않고 덤벼드는 조선군의 감투정신에 놀랐다. 한양으로 진격하는 것은 병력과 탄약이 부족해서 무리일 뿐 아니라 조선 개항에 따른 무역에서 얻을 게 없다고 판단해 로저스 제독 스스로 철수를 결정했다.

이 과정에서 한 가지 주목할 만한 사건이 있었는데 미군이 조선군 포로를 인수해 가라고 조선 측에 통보하자 조선 조정에서 인수를 거부한 사건이다. 오늘날의 사고방식으로는 도무지 이해하기 어려운 황당한 처사이다. 목숨을 걸고 싸운 군인이던 조선 백성의 입장에서는 하늘이 무너지는 듯한 충격을 받았을 것이다. 추론컨대 삼정의 문란 등으로 조선 백성들을 착취하던 양반 귀족들에게 백성은 일꾼일 뿐, 국가의 귀중한 구성원이라는 인식은 없었던 것이다. 이는 조선 패망의 원인이 결국 노블레스 오블리주는 없고 백성 위에 군림만 하려고 했던 조선 지배층의 잘못된 사고방식에서 비롯된 것이라는 주장을 뒷받침하는 증거 가운데 하나라고 보아야 한다.

당시 대원군이 주도하는 조선 조정은 미군이 스스로 철수한 사실을 숨기고 패전을 승전으로 둔갑시켜 전사한 수비대장 어재연을 높이 기리며 병조판서 직을 추증했으며, 조선강토 곳곳에 척화비를 세우고 쇄국정책을 더욱 강화했다. 하지만 백성을 사랑한다면 참혹한 패전의 실상을 알리고 군비 확장에 나서야 했다. 군비를 확장해 서양식 첨단화약무기를 대량 구입하고 군대를 현대식으로 훈련해야 했다. 강화도에 상륙한 미해군육전대 수준의 보병사단을 5개 정도 양성했더라면 1910년 경술국치의 수모를 겪지 않았을 수도 있다.

당시 조선 조정은 경복궁 중건 이후 재정 부족, 인플레이션 등 산적해 있는 현안들로 골머리를 앓고 있었다. 따라서 승리한 전투로 둔갑된 광성보전투의 패전 요인을 분석하고 군장비 현대화를 추진하는 일은 명분이 없어 뒷전으로 밀릴 수밖에 없었다. 한 번의 거짓말이 여러 거짓말을 부르듯이 국정 우선순위가 한 번 잘못 부여되자 국가정책을 왜곡시켜 국가를 잘못된 방향으로 몰고 간 것이다. 근대식 군대는 10년 후인 1881년에 등장했는데, 이 군대는 양반 가문 자녀들로 구성된 2개 소대 정도의 소규모 부대(80명)로 창설되어 의미가 없었다. 오히려 분쟁의 씨앗이

역사가 당신을 강하게 만든다

되어 임오군란이 일어나고 조선을 큰 혼란에 빠트렸다.

19세기 말 어재연 장군이 이끌던 조선군과 21세기 국군의 국제적 위상을 비교한다면 누가 우위일까? 우리 국군은 핵무기, ICBM, 고도정밀 관측장비, 항공모함과 같은 전략자산이 없어서 미군과는 무기체계 자체가 다르다. 우리 국군은 제2차 세계대전 또는 베트남전쟁 수준의 재래식 전력만 보유하고 있어서 미군과 비교할 수 있는 수준이 아니다. 차라리 어재연의 군대가 장비의 성능이 떨어지기는 하지만 미군과 장비체계가 동일했기 때문에 상대적 위상이 더 높았다고 보아야 한다.

2020년 국군의 GFP(Global Fire Power) 순위가 세계 6위라며 우리나라가 군사강국인 양 행세하는 것은 옳지 못한 행위이다. GFP 순위는 핵무기를 제외하고 재래식 전력만 고려한 순위이기 때문에 국군의 GFP 순위가 높은 것은 큰 의미가 없다. 이는 국민들에게 허황된 자신감만 불어넣어 국가 의사결정을 왜곡한다. 게다가 한반도를 둘러싸고 있는 4강은 모두 우리보다 GFP 순위가 높아 6위라는 사실이 아무 의미가 없다는 것을 잊으면 안 된다(미국 1위, 러시아 2위, 중국 3위, 일본 5위).

어느 측면에서 보더라도 당당한 국가였던 폴란드는 3세기에 걸쳐 (1795~1918년) 나라를 잃고 러시아, 독일, 오스트리아 3개국에 분할 종속되어 통치를 받은 어두운 역사를 갖고 있다. 이는 폴란드가 절대적인 기준에서 약소국이었기 때문이 아니라 주변의 국가들이 모두 폴란드보다 군사적으로 상대적 우위에 있었기 때문이다.

6

러일전쟁의 전쟁터가 된 조선

1904년 2월에 시작되어 1905년 9월에 끝난 러일전쟁은 조선과 한반도의 주도권을 놓고 각축을 벌이던 강대국들 간의 투쟁에 종지부를 찍고 한반도가 일본의 영향권으로 들어가게 된 중요한 사건이다. 러일전쟁 기간 중 러시아군과 일본군의 주된 전장은 쓰시마해협, 여순, 만주의 봉천 일대였던 것으로 잘 알려져 있지만 조선 땅에서도 일본군과 러시아군 간에 전투가 있었다는 사실은 자라나는 학생들에게 애써 가르치지 않는다. 속된 말로 쪽팔리는 역사를 구구절절 알려줄 필요가 없다고 여기기 때문인데, 이는 짧은 생각이다. 러일전쟁에서 일본이 승리해 을사보호조약의 기반을 마련하는 과정을 후세에게 생생히 가르쳐줘야 느끼는 게 있을 것이고 스스로 교훈도 얻을 수 있을 것이다. 역사에서 많은 걸 느끼고 생각해야 후세들이 위정자가 되더라도 똑같은 일을 반복하지

역사가 당신을 강하게 만든다

않게 된다.

러일전쟁은 1904년 2월 일본 해군이 여순과 인천에 있는 러시아함대를 기습 공격하는 것으로 막이 올랐다. 인천에 있는 러시아 함대를 격파하자마자 일본은 육군 선발대 3000명을 제물포에 상륙시켰다. 조선 조정은 그야말로 끽소리도 하지 못하고 조선 군대는 아무런 저항도 하지 못하는 가운데 경성 시내 한복판을 행진하는 일본군을 조선 백성들이 길거리에 늘어서서 걱정 어린 표정으로 구경하는 굴욕적인 장면이 연출되었던 것이다.

일본군과 러시아군이 만주에서 결전을 벌이기에 앞서 일본 육군 제1군 약 5만 명이 조선 정부의 허락도 없이 제물포에 상륙해 황궁을 점령하고 강제로 한일의정서를 체결했다. 한일의정서의 내용은 일본이 조선을 사실상 점령한다는 것으로, 조선이 러일전쟁을 수행하는 일본군의 군사기지가 되어 일본을 도와야 한다는 것이었다. 조선을 강점하기 위해 러시아와 전쟁하는 일본을 조선이 도우라는 기막힌 협정은 어디까지나 조선의 독립과 황실의 안녕을 위한 것으로 포장되어 있다.

한일의정서는 제1조에서 "……대한제국 정부가 시정의 개선에 관해 대일본제국의 충고를 들을 것……"으로 규정해 일본의 내정간섭이 가능하도록 했고, 제4조에서는 "……외침 또는 내란으로 대한제국이 위험해지면 …… 필요한 조치를 위해 대일본제국이 군사전략상 필요한 지역을 수용할 수 있다……"라고 해서 대한제국의 영토주권을 사실상 부정했다.

　일본은 한일의정서를 근거로 용산 300만 평(용산에는 조선 주둔 일본군 사령부가 위치해 있었으며 해방 후에는 미 육군 제8군이 진주해서 그대로 접수했다), 평양 393만 평, 의주 282만 평, 합계 975만 평을 일화 20만 원, 평당 2전의 헐값으로 수용했다.* 당시에는 용산 수용지에만 가옥 1176호, 묘지 111만 7308기가 있어서 토지 분규가 극심했다고 전해지는데 이들은 졸지에 대대로 살던 고향땅에서 강제로 내쫓기는 신세가 되었다. 이는 약소국 백성의 설움이 무엇인지 보여주는 대표적인 사례이다.

　20세기 초반 체결된 한일의정서의 내용은 한반도 유사시에 일본군이 한반도에 상륙할 수 있다는 21세기 초반의 집단적 자위권 개념과 겹치면서 왠지 입맛이 쓰다. 우리 안보 당국은 '일본군이 한반도에 상륙하려면 한국정부의 사전 동의가 있어야 한다'라는 원론적 대응을 취하고 있지만 1904년 2월에 일본 육군 제1군 5만 명이 제물포에 상륙했을 당시 일본은 조선 조정의 사전허가를 받지 않았다.

　우리에게 일본을 위협할 만한 무력이 없다면 우리 정부의 입장은 공허한 메아리에 불과하다. 동서고금을 막론하고 국제분쟁에서는 힘의 논리가 우선된다. 양심과 도덕성, 그리고 예의를 갖춘 국제분쟁 해결은 기대하기 어렵고 존재한 적도 없다. 오로지 힘과 실리가 국제분쟁 해결의

• 한미연합군사령부, 「용산 기지의 역사」.

　　　　　　　　　　　　역사가 당신을 강하게 만든다

바탕이다.

제물포에 상륙한 일본 육군은 평안도를 거쳐 압록강을 도하해 만주 러시아군의 측면을 공격하면서 전세를 유리한 방향으로 이끌었다. 잘 알려지지 않았지만 평양 근처의 안주, 그리고 의주에서 러시아군과 일본군이 교전했다. 일본 육군이 한반도로 상륙하는 것을 러시아가 감지하고 유명한 코사크부대를 선발대로 급파했던 것인데, 일본군은 평양 근처에서 조우한 코사크부대를 가볍게 물리치고 압록강변으로 진출했다. 의주 근처에서는 일본군의 진격을 저지하려는 러시아군과 일본군이 사단급 규모의 전투를 치렀는데, 여기서도 일본군은 러시아군을 물리치고 봉천 방면으로 진출했다. 이 과정에서 서북면에 거주하는 조선 백성들이 아무런 피해도 입지 않았을까?

한편 1905년 5월에 치러진 쓰시마해전에서는 러시아 발틱함대가 일본 함대에게 일방적으로 두드려 맞았는데, 발틱함대 가운데 생존한 일부 선박은 블라디보스토크로 도망치다가 울릉도 앞바다에서 추격해 온 일본 해군의 공격을 받고 침몰하거나 항복했다.

다시 말해 러일전쟁이 시작된 곳은 인천이었고, 평안도에서는 물론 울릉도 앞바다에서도 러시아와 일본 간에 전투가 있었던 것이다. 1904년 8월에는 러시아 블라디보스토크 함대와 일본 함대 간의 소규모 해전이 울산 앞바다에서 벌어져 일본 해군이 승리하기도 했다.

백인 코쟁이와 일본 사람 간의 전투가 조선 영토에서 벌어지고 작은 일본 군인이 덩치 큰 코쟁이를 이기는 모습을 지켜보던 조선 백성들의 심정이 어땠을까? 조선 백성들의 마음속에 조선 왕과 신하들, 그리고 조선 군대는 어떻게 자리매김하고 있었을까? 승승장구하는 일본은 조선 백성들의 마음속에 어떤 모습으로 비쳐졌을까? 이런 질문을 자라나는 세대에게 던져서 1904년 당시 조선 백성들이 느꼈던 참담한 심정과 낭패감, 그리고 복잡한 심리적 갈등을 느껴보도록 하는 것이 산 역사교육이라고 믿는다.

역사가 당신을 강하게 만든다

7

가쓰라-태프트밀약 전후 미국과 일본의 움직임

가쓰라-태프트 밀약은 러일전쟁이 끝나고 나서 1905년 7월 29일에 일
본 동경에서 가쓰라 다로(桂太郎) 일본 수상과 미국의 육군 장관 윌리엄
태프트(William Taft) 사이에 맺어진 비밀 합의로, 미국은 필리핀을 지배
하고 일본은 조선을 지배하기로 약속하는 내용을 담고 있다. 이 밀약은
조약이나 협정의 형태가 아니라 대화내용을 기록한 각서(Memorandom)
로 존재했다.

일본과 미국 양국은 러일전쟁의 원인을 제공한 나라가 조선이라고 지
적하고 향후 조선이 경솔하게 움직이지 않도록 일본의 보호를 받아야
한다는 데 합의했다. 조선이 아관파천을 통해 친러시아 성향을 보인 것
은 국제정세에 어두워 내린 오판이기는 했으나 조선으로서는 현실화되
는 일본의 야욕을 견제하기 위한 몸부림이었다. 그런데 이를 경솔하다

고 비하하고 있으니 강대국의 자기중심적 뻔뻔함이 돋보인다고 할 수 있다. 이제 조선은 강대국 간의 흥정대상이 되는 처참한 상황으로 몰리게 되었다.

1905년 미국은 육군 장관 태프트가 이끄는 대규모 사절단을 아시아에 보내 일본, 중국, 필리핀을 방문하고 돌아오도록 했고 일본 동경에서 가쓰라-태프트밀약을 맺었다. 당시 조선은 방문국가가 아니었는데, 사절단에 포함되어 있던 시어도어 루스벨트 대통령의 영애 앨리스 루스벨트가 조선을 꼭 구경하고 싶다고 고집해 개인 자격으로 조선을 방문했다.

당연히 조선 조정은 발칵 뒤집혔다. 조선 개국 이래 다른 나라의 공주가 조선을 방문한 것은 처음이어서 그 자체가 하나의 경이로운 일이었다. 게다가 조선 조정은 강국으로 떠오르고 있는 미국의 공주가 조선에 온 것을 아전인수격으로 해석해 미국이 조선을 위기에서 구해줄 것이라는 막연한 기대를 품었다. 그러나 앨리스가 입국한 것은 가쓰라-태프트밀약이 이미 맺어진 뒤였다.

그런 기막힌 사실을 꿈에도 모르는 고종 황제는 서둘러서 감사사절단을 미국에 보냈다. 그야말로 산 넘고 물 건너 워싱턴에 도착한 조선사절단의 목적은 앨리스 루스벨트의 조선 방문에 대해 감사의 뜻을 전하고 아울러 조선을 일본의 마수에서 구해준다는 확답을 받기 위한 것이었다. 그러나 루스벨트 대통령은 조선사절단의 접견 요청을 거절했다. 이유는 조선은 일본의 보호국이고 외교권이 없으니 더 이상 직접 상대할

역사가 당신을 강하게 만든다

필요가 없다는 것이었다. 아마 한일의정서가 체결된 것을 염두에 둔 반응이었던 것으로 추정된다. 그러나 조선사절단이 미국을 방문한 것이 을사늑약이 체결되기는 전이라서 국무장관이 루스벨트 대통령을 설득해서 겨우 접견이 허락되었다. 웃을 수도 울 수도 없는 기막힌 상황이 벌어졌던 것이다. 이 모든 게 조선이 힘이 없고 정보 수집 능력도 없는 데서 비롯되었다.

일본은 가쓰라-태프트밀약을 맺은 후 불과 2주일이 지난 1905년 8월 12일에 영국과 제2차 영일동맹을 맺고 조선에 대한 권리를 영국에게 인정받았다. 이로써 일본은 아무런 걸림돌 없이 조선을 입맛대로 요리할 수 있게 되었다. 불과 2주 동안의 짧은 기간에 가쓰라-태프트밀약과 제2차 영일동맹이 속속 맺어진 것은 당시의 교통, 통신 환경에 비추어 볼 때 경이로울 만큼 빠른 진행이었다. 이는 러일전쟁이 끝난 후 한반도 처리 문제에 대해 미국과 영국이 사전에 긴밀하게 협의했다는 것을 암시한다.

가쓰라-태프트밀약은 조선에게 굴욕을 강요하면서도 마치 모든 책임이 조선에 있는 것처럼 주장했으니 적반하장이라 아니할 수 없다. 하지만 이로써 조선은 외교권을 상실하고 일본의 보호국으로 추락했다. 제임스 브래들리(James Bradley)는 자신의 저서 『임페리얼 크루즈(Imperial Cruise)』에서 가쓰라-태프트밀약이 잘못 판단한 결정이며 이 밀약은 일본이 군국주의를 통해 동아시아에서 지나치게 팽창할 수 있는 토대를 만들어줌으로써 결국 중일전쟁과 태평양전쟁을 초래했고 한국전쟁의 원인까지 제공했다고 비난했다.

조선은 1885년 영국군이 거문도를 점령한 사건을 계기로 영국 측에 가담해 국제무대에 나설 수 있었으나 청나라의 종주권 뒤에 숨어 청나라에게 교섭권을 맡기고 소극적으로 대응하면서 천재일우의 기회를 날려버렸다. 만일 조선이 영국과 친선관계를 맺었다면 영국의 무기를 지원받고 영국 장교들을 초빙해 조선 군대를 근대식 군대로 만들 수 있었을 것이다. 태국처럼 영국의 비호 아래 독립국의 지위를 유지하는 길을 찾을 수도 있었을 것이다.

일본은 일찍이 영국의 중요성을 인식하고 영국에 접근해 러일전쟁이 일어나기 두 해 전인 1902년에 제1차 영일동맹을 맺는 민첩함을 보였다. 이에 반해 조선 조정은 을미사변으로 일본의 위협이 절정에 달하자 하필이면 러시아공관으로 왕의 거처를 옮김으로써 친러시아 국가라는 인식을 국제사회에 심어주었고 영국과 미국의 요주의 대상 국가가 되었다. 이로 인해 조선의 명줄은 사실상 끊어진 것이나 다름없게 되었다.

일반적으로 가쓰라-태프트밀약이 체결된 전후 사정에 대해서는 자라나는 세대에게 자세히 가르치지 않고 있다. 창피하기도 하고 분통이 터지기도 할 것이다. 그러나 가쓰라-태프트밀약이 체결된 전후의 전개 과정은 자라나는 세대의 전략적 사고능력을 키울 수 있는 좋은 역사토론 주제이다.

8

원세개의 9년 전횡

원세개는 1882년 임오군란이 일어났을 때 조선에 파병된 청군 사령관 오장경 휘하의 청년장교이다. 조선에 왔을 당시 원세개의 나이는 불과 23세였다. 그는 1885년 26세의 나이로 조선의 내정과 외교정책을 감시하는 자리에 올라 청나라의 실권자 이홍장의 손발이 되었고 그의 조선 속국화 정책을 실행에 옮기는 역할을 담당했다.

원세개가 감국으로 있던 9년간 조선은 손발이 묶인 상태로 청나라에게 국익을 침탈당했다. '조청상민수륙무역장정(朝淸商民水陸貿易章程)'에 따라 청나라 상인들은 항구뿐 아니라 내륙 각지에서 활동할 수 있게 되었는데, 이는 조선의 상권을 위협했다.

더욱 문제가 된 것은 조선의 독자적인 근대화를 막고 조선이 청나라의 일부로서 청나라의 연장선상에서만 근대화가 가능하도록 압박했다는 사실이다. 예를 들면 해운의 경우 조선이 독자적으로 운영하는 해운업을 인정하는 것이 아니라 청나라 해운업의 활동영역에 조선을 포함하는 방식을 취했다. 전신의 경우도 마찬가지여서 이른바 망산업(network business)의 경우 조선 독자의 망산업을 허용하지 않고 청나라의 망산업이 조선까지 관장하도록 했다. 경제학적으로 말하면 망산업의 운영자 또는 공급자로서의 조선을 부정하고 망산업의 소비자로서의 조선만 인정해 조선의 근대화를 막고 조선을 청나라의 식민지로 격하하는 정책을 시행했다. 이는 명나라도 하지 않았던 만행으로, 이러한 청나라의 분별없는 개입을 받아들인 조선 조정의 나약함 또한 비난받아 마땅하다.

임오군란 때 고종이 대원군으로부터 알량한 왕권을 지키기 위해 청나라 군대를 불러서 신세를 진 대가는 매우 혹독했다. 이홍장과 원세개는 조선이 유럽국가나 미국과 외교활동을 하는 것도 엄격히 통제했다. 조선은 재외 공관에서 활동할 때에는 해당 국가에 주재한 청국공사의 소개를 받아서 해당 국가 외교부에 신고해야 했고, 공식행사에서는 청국공사의 아랫자리에 앉아야 했으며, 중요한 활동 내역은 청국공사와 협의해야 했다. 이는 이른바 영약 3단(另約三端, 세 가지 특별약속)으로, 사실상 조선이 자주외교를 할 수 없도록 봉쇄한 것이었다. 이 지침에 반발하고 독자적인 외교활동을 벌였던 초대 미국공사 박정양은 부임한 지 11개월 만에 우리나라로 다시 소환되었다.

흔히 국권침탈은 구한말에 일본에 의해서만 이루어진 것으로 이해한

역사가 당신을 강하게 만든다

다. 또한 조선의 독자적인 근대화 노력이 좌절된 것도 한일강제합병 때문이라는 사실만 부각되고 있다. 하지만 다 쓰러져가는 병든 대국 청나라 역시 서양 열강에게 만방으로 깨지면서도 알량한 자존심을 보상받고자 조선을 더욱 더 움켜쥐며 쥐어짰다. 동의대 사학과 이양자 교수는 청나라가 감국대신 원세개를 내세워 조선의 독자적 근대화와 자주외교를 막음으로써 조선을 더욱 더 곤궁한 상황으로 내몰았던 사실은 널리 알려지지 않고 일제 침탈만 부각되고 있음을 지적한 바 있다.

서양 열강에게 만방으로 깨지고 자존심이 상해 절치부심하고 있던 청나라에게 조선은 눈치도 없이 덜컥 파병을 요청했으니, 청나라로서는 조선이 구겨진 자존심을 회복하고 서양 열강에게 당한 수모를 보상받을 대상으로 적격이었을 것이다. 청나라는 조선을 마구 유린하면서 카타르시스를 느꼈을지 모르지만 뒤늦게 개화의 물결을 타려던 조선에게는 엄청난 부담이었고 크나큰 장애물이었다.

기획재정부 고위 공무원인 조창상은 자신의 저서 『결박과 보상』에서 중국과 북한의 관계를 '결박과 보상'으로 풀어내고 있다. 북한이 중국의 노선을 따르고 같은 편에 선다는 조건으로 중국은 북한에 식량과 연료를 지원한다는 것이다. 사대주의 조공외교도 큰 틀에서 보면 '결박과 보상'의 방정식으로 풀이할 수 있다. 조선은 중국 황제의 제후국으로서 분수와 예절을 지키면 평화가 보장되고 조공무역이 허용되는 관계였기 때문이다. 그러나 원세개가 설치던 조선과 청나라의 관계는 전통적인 궤도에서 한참 벗어나 '결박과 착취' 그 자체였다. 한중관계의 역사를 정립하기 위해서는 '결박과 착취'가 원세개 개인의 분탕질이었는지, 원세개의 상관인 이홍장의 뜻이었는지, 청나라 조정의 방침이었는지 명백하게 밝힐 필요가 있다.

고종은 임오군란이 불러온 혼돈 상황에서 갈피를 잡지 못하고 당황하다가 민씨 일파에 떠밀려서 자신의 왕권을 아버지인 대원군으로부터 보호하고 유지하기 위해 청나라에게 파병을 요청했는데, 이러한 고종의 용렬함은 민족 역사에 큰 오점을 남겼다. 원세개는 임오군란 때 눈엣가시인 대원군을 톈진으로 전격 압송해 임오군란으로 인한 혼돈 상황을 일거에 정리하는 데 큰 공을 세웠다. 이에 고종은 갑신정변 때에도 원세개에게 다시 큰 신세를 졌다. 그러다 보니 청나라가 보낸 감시관에 불과하던 청년 원세개에게 코가 꿰어서 원세개가 사실상 조선의 총독 노릇을 하게 되었다.

원세개에게 절대 권력을 헌납하고 신음하던 조선 조정은 이미 나라라고 할 수 없는 지경에 이르렀다. 원세개가 조선 총독 역할을 9년간 수행하면서 청일전쟁과 러일전쟁이 초래되는 상황을 만들었다고 해도 과언이 아니다. 귀중한 9년 동안 조선이 독자적인 개화와 함께 서양 열강과의 외교에 진력했더라면 조선의 역사가 달라질 수도 있었을 것이다.*

• 원세개의 9년 전횡에 대해서는 이양자, 『감국대신 위안스카이』를 주로 참고했다.

　　　　　　　　　　　　　　역사가 당신을 강하게 만든다

이 치욕의 9년(임오군란 시절부터 계산하면 12년)을 역사수업에서 은근 슬쩍 넘겨서는 절대 안 된다. 20대 청년에게 절절 매고 제 나라 백성을 제물로 바치면서 권좌를 유지하려던 왕이나 그 대신들이 왜 그런 초라한 몰골이 되었는지 철저하게 분석하고 토론해야 한다.

9

항일무장투쟁의 전술적 승리와 전략적 한계

청산리전투는 만주에서 활동하던 독립군 부대들이 힘을 합쳐서 일본군에게 궤멸적 타격을 가하는 큰 승리를 거둔 전투로, 독립운동사에 길이 남을 역사적 사건으로 기록되고 있다. 필자도 어렸을 때부터 청산리전투를 승리로 이끈 김좌진 장군, 이범석 장군, 홍범도 장군 같은 독립군 지휘관들의 무용담을 감동 깊게 들으며 컸다.

청산리전투의 승리는 어떤 전술적 의미와 전략적 의미를 지닐까? 청산리전투가 독립운동사에 길이 남을 비중 있는 사건으로서 세계만방에 조선의 독립 의지를 널리 알리는 계기를 제공한 것은 과연 사실일까? 청산리전투 이후 청산리 주변에 있던 조선인 정착촌은 일본군의 영향 아래서 무사했을까?

청산리전투가 의미 있는 전술적 승리를 거둔 것은 사실이다. 독립군

사상자 수에 비해 일본군 사상자 수가 훨씬 많았기 때문이다. 하지만 전술적으로 승리를 거두기는 했지만 전략적인 의미를 부여하기는 쉽지 않다. 그 이유는 우선 청산리전투 이후 독립군 부대들이 큰 곤경에 빠졌기 때문이다. 독립군 부대는 일본군의 추격을 피해 중국 각지와 러시아령 등으로 도주할 수밖에 없는 상황으로 몰렸다. 러시아령으로 들어간 독립군들은 러시아 적군에게 무장해제를 당해 소멸했고, 중국으로 간 독립군들은 태극기 아래 싸운 것이 아니라 모택동군대나 장개석군대의 일부가 되었다.

군부대는 전투 손실이 있더라도 인원과 물자를 재정비해서 전투 준비 태세를 새로이 갖추고 다음 작전에 돌입해야 하는데 한 번의 승리를 거두고 부대가 소멸한다면 전술적으로는 성공을 거둔 전투라 해도 전략적으로는 의미가 없다고 보아야 한다.

일본 육군 전체 규모에 비하면 청산리전투에 참전한 독립군은 중과부적이었다. 정규군이 싸우는 방식으로 싸워서는 안 되는 불리한 상황에서 독립군이 일본군과 총력전을 펼친 것은 일시적이고 국지적인 승리를 챙길 수 있을지는 모르지만 올바른 전략적 선택은 아니었다. 전투를 철저히 회피하며 안전지대로 피신하든지, 소규모 게릴라전투를 기습적으로 벌여 일본군의 추격을 지연 거부하며 안전지대로 피신하든지, 둘 중 하나를 선택했어야 했다. 일본군 초소와 경찰 지소를 습격해 소규모의 전과를 올린 전투는 식민 지배에 적응해 가는 조선 백성들에게 통쾌함을 선사하고 독립의식을 불어넣었지만, 그런다고 해서 조국이 해방되는 것은 아니었다.

실제로 1920년 6월 7일에 일어난 봉오동전투는 일본군 1개 대대에 큰 타격을 입혔지만 대규모의 일본군 토벌부대를 만주로 불러들여 만주의 독립군 거점이 붕괴되는 결과를 초래했다. 일본군과 비교할 때 중과부적인 독립군 부대는 보다 큰 그림을 그리고 전략적으로 움직여야 효과적으로 무장투쟁을 할 수 있었다.

봉오동전투 100주년을 기념하는 유력 일간지 칼럼에서는 함경북도 종성군 헌병초소를 습격한 것이 봉오동전투를 초래했고 봉오동에서 대패한 일본이 설욕전을 치르려다 청산리에서 궤멸적 타격을 입었다고 진술하면서 간도지방의 조선인 부락도 독립군 부대와 동고동락한 것으로 기술하고 있다.

정말 불행하게도 청산리전투 후에 간도의 조선인 부락은 일본군의 보복으로 큰 피해를 입었는데 이는 충분히 예견되는 일이었다. 청산리전투 이후 간도지방의 조선인 부락을 대대적으로 공격한 일본군의 명분은 독립군에게 물자와 정보를 주고 협조한 불령선인들을 처벌한다는 것이었다. 하지만 그 과정에서 어떤 만행을 저질렀을지 상상하기는 어렵지 않다. 알면 안다고 죽이고, 모른다고 하면 거짓말한다고 죽였을 것이다. 청산리전투가 이런 생지옥을 예상하고 기획되지는 않았을 것이지만 결과적으로 조선 백성들은 이런 가혹한 시련을 겪어야 했다.

역사가 당신을 강하게 만든다

약자는 강자와 싸워 이기더라도 이겼다는 티를 내면 안 된다. 경우에 따라서는 이기고도 진 것으로 해야 한다. 1939년 겨울, 소련군에게 타격을 입히며 괴롭히던 핀란드군은 전투 상황이 유리한데도 소련군과 종전에 합의하고 오히려 핀란드 영토의 10%에 해당하는 카렐리야 동부지역을 떼어주면서 소련의 체면을 세워주었다. 이로써 핀란드는 이웃 발트 3국처럼 소련에 흡수 합병되는 운명은 피하고 독립된 주권을 유지할 수 있었다. 1979년 중월전쟁에서 베트남군은 중국군에게 이기고서도 중국군이 이긴 것으로 해서 중국군의 명분 있는 철수를 이끌어냈다. 베트남 건국의 아버지 호찌민은 중국의 지원을 받아 미국과 전쟁을 벌이면서도 마음속으로는 늘 중국의 영토 야욕을 경계했다. 호찌민은 후계자들에게 중국은 반드시 기회를 노릴 것이니 중국군의 침공을 대비해 국경지역을 비밀리에 요새화할 것을 지시했다. 1979년 베트남이 대규모 병력을 캄보디아에 보내 틈을 보이자 중국군이 국경을 넘어 공격했지만 요새화된 국경지역에서 완전히 포위되어 수많은 전사자를 내며 악전고투한 것은 이 때문이었다.

핀란드와 베트남의 지도자들이 속된 말로 알아서 긴 것은 지도자의 역량이 부족해서가 아니라 장기적인 국가 이익에 따라 전략적으로 대응했기 때문이다. 현명한 리더십을 발휘해 약소국이지만 독립국가의 명맥을 유지할 수 있었던 것이다. 상해 임시정부도 전략적 목표인 조선 독립을 이루기 위해서는 어떤 방식으로 무력항쟁을 하는 것이 효과적인지

좀 더 고민했어야 했다. 사단급 규모 미만의 전투에서 한 번 승리한 것으로 전략적 목표를 이룰 수 없다면 그 전투는 가급적 회피해서 막강한 적을 자극하는 것을 피하고 전력을 보전해 훗날을 기약했어야 했다.

제2차 포에니전쟁 때 카르타고의 한니발 장군의 군대는 알프스산맥을 넘어 파죽지세로 로마로 치고 들어가 연전연승하고 칸나에에서 로마군의 주력군 8만여 명을 전멸시켰다. 하지만 로마는 무너지지 않았고 결국 전략적 포석을 한 로마에게 무릎을 꿇었다. 로마의 스키피오 장군은 로마 영토 안에 있는 한니발의 군대를 무시해 버리고 먼저 한니발의 병참기지인 스페인을 함락했다. 그런 후 카르타고에 기습 상륙함으로써 한니발의 군대가 카르타고로 철수하지 않을 수 없게 만들었다. 스키피오가 이끄는 로마군은 유리한 여건을 조성하고 기다리고 있다가 오랜 항해와 행군으로 지친 한니발의 군대를 자마전투에서 가볍게 격파하고 카르타고에서 항복을 받아냈던 것이다. 이는 전술적 승리가 아무리 누적되더라도 전략적 목표의 달성을 보장하지는 않는다는 것을 보여주는 좋은 사례이다.

청산리에서 독립군이 일본군 1개 연대를 궤멸시켰다지만 일본군 1개 군단을 전멸시켰더라도 조선이 독립을 얻지는 못했을 것이다. 그 당시 일본은 마음만 먹으면 20만 명 이상의 병력을 만주로 보낼 수 있었다. 독립을 위해 일본군과 싸운 조선 청년들은 각자의 위치에서 목숨 바쳐 싸우고 업적을 쌓았으나 조선 독립 쟁취라는 전략적 목표에 맞추어 무장

역사가 당신을 강하게 만든다

투쟁활동이 정교하게 통제되었다는 느낌은 없다. 모택동군대와 장개석 군대에 참여한 조선 청년들 또한 일본군과 용감하게 싸웠지만 그들은 태극기 아래에서 싸운 것이 아니라서 승전연합국의 일원으로서 대접받지 못했고 곧이어 국공내전에 휘말려 들어갔다.

상해 임시정부 직할부대도 태평양전쟁에 참여해 미국과 어깨를 나란히 하며 싸워서 공을 세웠어야 했다. 그래야 태평양전쟁 종전과 함께 승전국 지위를 얻어내 당당히 우리의 힘으로 광복을 이루어낼 수 있었는데 그렇게 하지 못했다. 상해 임시정부의 지도자들은 애국애족정신은 충만했지만 국제정치를 읽어내는 혜안은 없었던 것이다. 태평양전쟁이 발발했을 때 대일선전포고를 하는 데에서 그치지 말고 한 발짝 더 나아갔어야 했다. 좌우로 분열되어 있던 독립군 지도자들은 종주국 의식을 갖고 있는 중국과 함께 싸워봐야 종전 후 조선의 대표권을 인정하지 않을 가능성이 크니 미국과 함께 싸우는 것이 종전 후 전승국 지위를 얻는 데 유리하다는 결론에 합의하고 각기 병력을 차출해 미군과 함께 태평양의 격전지에서 앞장서서 싸웠어야 했다.

만일 그랬다면 역사는 어떻게 바뀌었을까? 수십만 명의 미국 젊은이들이 과달카날, 펠렐리우, 이오지마, 사이판, 오키나와에서 자신을 희생해 가며 격전을 치른 것처럼 조선의 젊은이들도 용감하게 싸웠다면, 그래서 더 많은 미국의 젊은이들이 부모형제의 품으로 돌아가는 데 일조했다면 제2차 세계대전 이후 세계질서를 이끈 미국이 상해 임시정부에 대해 전승국 지위를 인정했을 것이다.

제2차 세계대전 기간 중 드골장군이 이끈 자유프랑스(La France Libre)는 숫자도 적었고 영국에 망명하고 있는 처지였지만 프랑스 안의 레지스탕스와 연계해 무장투쟁에 나섰다. 어려운 임무를 수행하며 공을 세운 후 연합군의 최선두에 서서 파리에 입성함으로써 승전국 지위를 얻었을 뿐만 아니라 UN 안전보장이사회 상임이사국이 되어 비토권까지 얻었다. 이처럼 지도자의 전략적 사고능력은 한 국가와 민족의 운명을 결정하는 데 매우 중요하다.

우리는 청산리전투에서 이긴 선열들은 물론, 중국 대륙에서 중국공산당, 국민당과 함께 일본군과 싸운 선열들, 어려운 여건에서도 상해 임시정부 직할부대에서 활약한 선열들과 그들을 지도한 임시정부 지도자들의 희생과 노고에 경의를 표해야 한다. 그분들은 일제강점기에 민족정기를 확립하고 계승하는 데 있어 정신적 기반을 확실하게 제공했기 때문이다. 반면 임시정부를 이끈 지도자들은 전략적 목표를 달성하기 위해 무장투쟁을 효과적으로 기획하고 조율하는 데 실패했다는 평가에서 자유롭지 못하다.

이 장면에서 실로 아쉬운 것은 미국령 하와이 교민사회에서 양성했던 1개 대대 규모의 독립군 부대인 대조선국민군단이 일찍 해산된 것이다. 대조선국민군단은 불행하게도 태평양전쟁이 발발하기 훨씬 전에 독립투쟁 방식을 두고 이견(무장투쟁 대 외교 노력)을 보인 하와이 민족지도자

역사가 당신을 강하게 만든다

간의 반목으로 해체되었다. 만일 이 부대가 계속 발전해 태평양전쟁 기간 중에 상해 임시정부와 독립군세력과 연결되었다면 매우 큰 역할을 담당했을 것이다. 이들은 미국식 교육을 받아 영어 구사 능력이 완벽했고 미국식 군사훈련을 받았으므로 독립군과 미군, 임시정부와 미국정부를 잇는 가교 역할을 충분히 해냈을 것이기 때문이다. 대조선국민군단이 활약했다면 태평양전쟁에서 조선의 젊은이들이 눈부신 공을 세우고 전승국 지위를 얻었을 것이다.

하와이 교민사회와 관련해 또 하나 얘기하고 싶은 것은 하와이 교민사회에서 무장투쟁의 필요성을 강조한 박용만 장군의 업적과 생애를 재조명할 필요가 있다는 것이다. 박용만은 독립군이 조선으로 진군해야 진정한 의미의 독립을 이룰 수 있다고 믿었다. 그래서 미국 당국의 암묵적 허가를 얻어 상비군 병력인 대조선국민군단을 창설했다. 박용만은 청진에서 수입되는 명란젓갈 통에 아편을 숨겨 들여와 턱없이 부족했던 군자금을 마련했다고 전해진다. 하와이에서 사탕수수농장 노동자로 일하는 조선인들에게 돈을 걷는 데에는 한계가 있었기 때문이다.

박용만 반대파는 적은 규모의 병력으로는 할 수 있는 것이 없으니 외교적 접근으로 독립을 얻어내야 한다고 주장했다. 아쉽게도 박용만은 반대파에 의해 축출되었는데 박용만의 혜안이 옳았음은 태평양전쟁의 발발로 증명되었다.

한편 상해 임시정부는 장개석에게 공식정부로 승인해 줄 것을 거듭 요청했으나 장개석은 이를 끝내 외면했다. 상해 임시정부를 공식 승인하면 국제사회에서 한국이 독자적으로 행동할 수 있고, 또 종전 후 중국이 종주권을 행사하기 어렵다는 계산이 깔려 있었기 때문이다. 이런데도 조선의 젊은이들이 장개석군대와 모택동군대에 속해 피를 흘리며 싸우는 상황을 상해 임시정부가 지켜볼 수밖에 없었던 것은 실로 아쉬운 일이다. 무언가 돌파구를 마련해서 그들의 희생이 헛되지 않도록 외교적 수완을 발휘했어야 했다.

역사가 당신을 강하게 만든다

맺음말

/

역사교육을 혁신해야 한다

우리나라의 역사교육은 그동안 잘못된 형태로 이루어졌다. 입시문제에 대비하기 위해 사실 암기를 강조했기 때문에 역사적으로 중요한 사건의 배경, 인과관계, 책임 소재, 교훈을 이해하지 못한 채 학창 시절을 마감했고, 개인적으로 역사에 관심이 없으면 그것으로 역사와는 담을 쌓고 지내게 되었다.

역사는 반복된다. 구한말에 일본, 중국, 러시아의 각축장이었던 한반도는 21세기 들어 미국의 이익과 중국의 이익이 충돌하는 지정학적 요충지가 되고 있으며, 러시아와 일본도 지대한 관심을 가지고 한반도를 눈여겨보고 있다.

2014년 미국과 일본의 합의하에 일본은 집단적 자위권을 행사할 수 있게 되었다. 집단적 자위권 행사가 가능해지면서 일본정부는 한반도 유사시에 일본군이 한반도에 상륙할 수 있다는 가능성을 제시했다. 이는 1904년 2월에 일본의 강압으로 체결되어 일본군의 조선 주둔을 허용한 한일의정서를 연상시킨다. 그때는 러시아의 남진을 막는다는 영국과 미국의 컨센서스 아래 일본군이 조선에 진출했던 것이고, 이번에는 중국의 남진을 막기 위해 미국과의 합의하에 일본군이 한반도에 진출한다는 것이다. 어쩐지 상황이 비슷해 보이고 끼워 맞춘 합의문 뒤에 숨어 있는 검은 의도가 느껴지지 않는가? 한일의정서에서는 일본군의 한반도 진출이 대한제국의 독립과 황실의 안녕을 위한 것이라 했는데, 그렇다면 집단적 자위권은 누구를 위해 행사한다는 것일까?

1964년 6월 3일 한일국교 정상화에 반대하는 격렬한 시위가 대학가에서 발생해 계엄령이 선포되고 대학가에 탱크를 앞세운 군대가 진주했었다. 일본과 가까이 지내기에는 일본이 우리 민족에게 안겨준 고통이 너무 컸고 제대로 된 사과와 배상도 받지 못한 상태였기 때문에 많은 사람들이 한일국교정상화를 반대했다. 그런데 2014년에 일본정부가 미국과의 합의하에 제시한 집단적 자위권은 일본이 또 다시 한반도를 지배할 수 있는 가능성을 공식화한 것이었다. 한일국교 정상화와는 비교도 되지 않는 메가톤급 폭탄이 터졌는데도 대학가는 고요했다.

1964년에 극일의 목소리를 높였던 언론도 상대적으로 침묵에 가까운 반응을 보였다. 언론은 일본군이 상륙하려면 한국정부의 허락을 받아야 한다는 우리나라 정부 당국자의 발언을 날선 비판 없이 보도했다. 하지만 일본의 국방장관은 "북한에 상륙할 때는 한국정부의 허락이 필요 없다"라고 말해 대한민국 헌법의 영토조항을 부정했다. 이는 전범국가에서 미국의 동맹국가로 변신한 일본이 한국을 백안시하는 속내와 자신감을 확실하게 드러낸 발언으로서, 미국만 용인하면 어떤 경우에도 한국정부의 사전 동의를 받을 필요가 없다는 선언이었다. 하지만 이처럼 엄청난 발언 역시 그냥 흘려버렸다.

1904년 2월 서양 열강의 묵인하에 일본 육군 제1군 5만 명이 제물포에 상륙했을 때 사전에 조선의 허락을 구하지 않은 사실을 우리 당국자들은 알고 있었을까? 1964년에 극렬하게 시위하던 대학생들과 거리에서 동고동락하던 야당 정치인들의 모습을 반세기가 지난 2014년에는 찾아볼 수 없었다. 국가의 위기를 느끼지 못할 정도로 역사의식이 마비된 것이다. 자라나는 세대에게 역사교육을 등한히 한 대가는 너무나 크다. 근세사의 좌우 이념 대립에만 천착하면서 역사교육의 중요성을 등한시한 교사집단도 반성해야 하며, 교육행정 당국 또한 통렬히 반성해야 한다.

19세기 말에 러시아의 남진을 막기 위해 믿을 곳은 일본밖에 없다는 인식을 국제사회에 심어주었던 조선 지배층의 실책이 21세기 들어서 부실했던 역사교육 때문에 반복되고 있는 것은 아닐까? 정신 똑바로 차리지 않으면 또 다시 역사의 패배자가 된다. 역사의 패배자가 되지 않기 위해서는 역사의 흐름을 제대로 이해하는 것이 중요하다. 특히 국회나 정부, 그리고 언론에서 일할 인재들은 역사를 깊이 있게 이해해야 역사의 중대한 갈림길에서 올바른 선택을 하게 되고 과거에 선조들이 범했던 실책을 반복하지 않게 된다.

역사에 대한 이해가 깊다는 것은 역사공부를 통해 비판적 사고능력과 전략적 판단능력을 키운다는 것을 의미한다. 예를 들면 명·청 교체기에 명나라와의 관계를 과감하게 정리하고 청나라 편에 서서 조선의 영토를 확장하려는 시도를 할 수 있는 인재들을 역사공부를 통해 길러낸다는 뜻이다.

최근 고고도 미사일 방어체계(THAAD, 사드) 배치를 둘러싼 갈등을 분석해 보면 당국자들의 전략적 사고능력이 부족하다는 느낌을 받는데, 이 역시 역사교육이 부실했기 때문이라고 생각된다. 우선 문제를 정의하는 능력부터 크게 부족하다. 사드 배치 문제는 '협상 불가능한 비공개 군사 이슈(Non-negotiable confidential military issue)'인데 이를 '협상 가능한 공개 외교 이슈(Negotiable open diplomatic issue)'로 잘못 정의했다. 이러다 보니 우리 정부가 결과적으로 중국정부로 하여금 강경노선을 취하도록 부추기는 모양새가 되었다. 비공개 군사 이슈이기 때문에 전작권이 있는 미군의 주도로 조용히 사드를 배치했으면 그냥 지나갈 것을 마치 한국이 주도할 수 있는 이슈로 착각해 공개 이슈로 만든 것이 화를 불렀다.

일단 공개 이슈가 되면 중국정부는 좋든 싫든 중국 국민을 의식해서 한국을 압박하는 태도로 나올 수밖에 없다. 미국은 미국대로 군사기밀

역사가 당신을 강하게 만든다

을 공개한 대한민국의 처사를 이해하기 어려울 것이며 신뢰 문제로 불만이 생길 수밖에 없다. 쓸데없이 비공개 이슈를 공개 이슈로 만들어 분쟁만 야기하는 한국정부를 믿고 같이 일하기 힘들다고 여기는 것은 당연하다. 사드 배치 문제로 인한 국제적 갈등은 한국정부가 스스로 자초한 재앙인 것이다.

최근 공식화된 쿼드(QUAD), 즉 미국, 일본, 호주, 인도 4개국 외교장관회의는 중국의 군사적 굴기를 견제하기 위한 군사동맹의 성격을 띠고 있다. 필자는 2016년 저서에서 당시 아이디어 단계였던 쿼드가 공식화될 가능성을 언급한 바 있다. 쿼드가 공식화되면 '신에치슨라인'이 설정되고 한국이 미국의 아시아태평양 주방어선에서 제외될 우려가 있기 때문에 대책이 필요하다고 지적했던 것이다.* 최근 외교 고위당국자들이 쿼드와 한미동맹에 관해 내놓는 발언은 쿼드의 의미를 제대로 파악하고 있는 것인지 의심이 들 정도로 덜 다듬어져 있다. 19세기 말 조선 조정의 잘못된 선택이 부른 재앙이 되풀이될까 좌불안석이다.

방위비 협상 문제도 그렇다. 트럼프 행정부 들어 처음 방위비 협상을 할 때 미국 측은 해리 해리스(Harry Harris) 주한 미국대사를 비롯한 여러 채널을 통해서 빌리언(Billion)이 의미 있는 수치이니 10억 달러만 넘겨달라고 노래를 불렀다. 그러나 한국 측은 한국으로서는 국민 정서를 고

• 최중경, 『워싱턴에서는 한국이 보이지 않는다』(한국경제신문사, 2016), 61~65쪽.

려할 때 1조 원이 의미 있는 수치라 1조 원을 넘기기 어렵다고 했다. 연례 상하양원 합동 시정연설을 앞둔 도널드 트럼프(Donald Trump) 대통령은 빌리언이라는 수치를 연설에 반영하고 싶었지만 결국 한국 측이 거부해서 무산되었다.

10억 달러를 달라고 하는데 굳이 9억 달러를 준 한국 측이 과연 협상을 잘한 것일까? 1년 예산 규모가 4000억 달러가 넘는 한국 경제에서 1억 달러가 그렇게도 큰 의미가 있는 수치의 돈인가? 1억 달러 더 써서 미국 대통령의 환심을 사는 것이 외교무대에서 무의미한 일일까? 미국의 핵우산 보호를 받는 한국이 대등한 자세로 미국과 협상하는 것이 민족의 긍지를 높이는 것일까?

왠지 청 태종 홍타이지의 황제즉위식에 가서 끝까지 홍타이지에게 절하는 것을 거부한 조선 사신이 생각난다. 그러려면 차라리 가지를 말지, 청나라 조야의 속을 뒤집어 병자호란을 초래하는 만용을 부리는 것이 무슨 의미가 있었을까? 그러한 만용을 제대로 비판하고 타산지석으로 삼지 않은 우리의 역사교육은 또 어떠한가? 역사교육이 잘못되었기 때문에 미국이라는 절대강국을 상대로 우리에겐 1조 원이 의미가 있으니 10억 달러는 못 준다는 말이 쉽게 나오는 것이다.

만약 그때 10억 달러를 주었다면 트럼프 대통령이 만족했을 것이고 당분간 2차 협상은 없었을 것이다. 미국이 2차 협상에서 50억 달러를 제시했다가 협상이 결렬되자 주한미군에서 근무하는 한국인 근로자들에

역사가 당신을 강하게 만든다

게 임금을 주지 않는 초강수를 둔 것을 보면 현명하게 살아가는 방식이 무엇인지에 대한 진지한 고민이 더 필요해 보인다.

우리는 역사교육을 통해 강자와 함께 살아가는 지혜와 함께 종국적으로 강자가 되는 길을 가르쳐야 한다. 병자호란의 주전파가 옳고 주화파가 틀린 것으로 교육하는 한, 강자와 함께 살아가는 지혜를 가르치는 것이 아니라 아무런 대비책도 없으면서 강자와 부딪혀 깨지는 어리석음을 가르치는 것이다.

우리는 역사교육을 사실을 나열하고 암기하는 방식에서 사례를 연구하는 방식으로 바꾸고 토론을 활성화해야 한다. 예를 들면 은을 둘러싼 한중일 3국의 역사를 사례 연구로 엮어서 가르치면 흥미를 유발하면서 동시에 많은 역사적 교훈을 도출할 수 있다. 이를 통해 건국이념과 지배층의 전략적 사고능력이 국가경제의 발전에 얼마만큼 중요한지 이해하게 된다. 은은 당시 세계 제1위 경제대국인 중국이 선호하는 귀금속이었기 때문에 국제결제통화 기능을 수행했다. 멕시코에서 생산된 은을 들고 중국에 가서 비단, 도자기 등 중국의 특산품을 산 뒤 유럽 사람들에게 팔아서 막대한 이익을 내는 것이 그 당시 무역의 황금노선이었다.

앞서 설명했듯이 조선은 세계 최고의 은 제련기술을 개발하고도 폐광정책에 따라 이 기술을 폐기했고, 은 제련기술은 일본으로 흘러가 일본을 세계 1위의 은 생산국으로 만들었다. 일본은 그 은을 가지고 세계무역에 참여했는데, 일본의 세계무역 대리인 역할을 한 게 네덜란드 동인도회사였다. 일본 번영의 출발점은 조선 피지배층의 창의력과 조선 지배층의 식견 부족이었던 것이다. 조선이 버린 은이 일본의 은이 되었고 이는 에도를 19세기 세계 최대 도시로 등극시켰다. 조선은 척박한 반도 국가이면서도 해금정책으로 무역을 금함으로써 스스로 번영의 기회를 날렸고 좁은 땅에서 많은 백성이 헐벗고 굶주리게 만들었다. 만약에 조선이 은광을 적극 개발하고 해상무역에 나섰다면 아마도 제물포나 부산포가 19세기 세계 최대도시가 되었을 것이다.

이 내용을 사례 연구로 만들어 네덜란드 동인도회사의 직원이었던 하멜 이야기와 섞어서 가르친다면 그야말로 살아 있는 역사교육이 될 것이다. 그렇게 해야 전략적 사고를 할 수 있는 인재가 확보되고 나라의 앞날이 편안해진다.

유럽의 한 국가는 역사교육의 목표로 사고력 함양을 제시하고 있다. 아마도 '전략적 사고력'에서 '전략적'을 뺀 것이 아닌지 추측해 본다. 전략적 사고력이라고 표현하면 정치적 또는 투쟁적으로 보일 수도 있어 교육의 순수성에 부정적인 영향을 미치기 때문이다. 우리도 역사교육의 목표로 사고력 함양을 제시해야 한다. 역사수업에서 과거의 인물과 정책의 공과를 제대로 비판해야 한다. 제대로 된 비판을 하지 않으면 틀린 것이 맞는 것이 되고 맞는 것이 틀린 것이 되는 가치 혼동과 가치 역전을 초래해 국가와 사회가 혼탁해지고 진영논리가 다른 모든 논리를 압도해 버리는 기형적인 사회에서 살게 된다.

역사를 선악의 논리에서 바라보지 말고 강약의 논리에서 바라보아야 한다. 역사는 착한 자의 편이 아니라 강한 자의 편이다. 역사를 선악의 논리로 바라보면 실패의 책임을 늘 강한 자에게 돌리게 된다. 나는 착하기 때문에 잘못이 없다는 논리는 무서운 책임 회피에 불과하며 결국 늘 강한 자에게 당하면서 살게 된다. 실패가 내 책임이어야 나를 변화시키는데 실패가 남의 책임이면 나를 바람직한 방향으로 변화시킬 필요성을 느끼지 못한다.

우리가 한일관계를 대하는 기본 입장도 선악의 논리에서 벗어나야 한다. 그래야 비로소 진정한 의미의 미래지향적인 한일관계를 형성할 수 있고 일본을 넘어설 수 있는 길이 보이게 된다. 지금 우리의 역사교육이 양성하고 있는 인재는 문제를 정의하고 해결책(solution)을 내는 전략가가 아니라 남이 낸 문제에 짤막한 답(answer)만 써내는 응답기계 또는 자판기에 불과하다. 만일 오늘날의 인재를 명·청 교체기에 가져다 놓으면 인조와 똑같은 선택을 해서 똑같이 커다란 재앙을 부를 것이다.

제2차 세계대전 기간 중 영국 수상을 지낸 윈스턴 처칠은 "더 멀리 뒤돌아보아야 더 멀리 앞을 내다볼 수 있다"라고 했다. 나라의 앞날을 위해서는 역사교육을 반드시 혁신해야 한다. 제대로 된 역사교실이 당신의 자녀를 전략형 인재로 키울 것이고 전략형 인재가 이끄는 나라가 강한 나라가 된다는 점을 명심해야 한다. 영원히 변방의 작은 나라로 남아 있을 수는 없다.

지은이

최중경

어린 시절부터 역사에 관심이 많았다. 어렸을 적 꿈은 고고인류학자였다. 고등학교 역사 시간에 삼국통일에 관해 의문을 가졌고 고등학교 수학여행 때 처음 본 석굴암의 규모가 너무 작은 데 실망했다. 일본 제국주의의 조선 침탈 과정에 대한 구체적인 설명 없이 관련된 사건을 시간 순서대로 외우고 점수를 따는 국사 시험 객관식 문제에 깊은 절망감을 느끼며 학창시절을 보냈다.

고위 관료와 외교관을 지내고 미국 헤리티지 재단에서 3년간 방문연구원으로 있으면서 미국 정치와 안보 문제에 관해 들여다볼 기회가 있었다. 헤리티지 재단에서의 경험을 토대로 『워싱턴에서는 한국이 보이지 않는다』를 저술했고, 세계은행 이사로 재직했던 경험을 토대로 우리나라 경제 발전 전략의 독창성을 설명한 『청개구리 성공 신화』를 저술했다. 『청개구리 성공 신화』의 영문판 *Upside-Down Success Story of Korea's Economic Development*는 이라크 정부에 의해 아랍어로 번역되었다.

역사가 당신을 강하게 만든다
전략형 인재를 위한 역사 다시 읽기

ⓒ 최중경, 2020

지은이 ㅣ 최중경
펴낸이 ㅣ 김종수   펴낸곳 ㅣ 한울엠플러스(주)   편집 ㅣ 신순남
초판 1쇄 발행 ㅣ 2020년 11월 5일   초판 5쇄 발행 ㅣ 2022년 10월 25일

주소 ㅣ 10881 경기도 파주시 광인사길 153 한울시소빌딩 3층   전화 ㅣ 031-955-0655
팩스 ㅣ 031-955-0656   홈페이지 ㅣ www.hanulmplus.kr   등록번호 ㅣ 제406-2015-000143호

Printed in Korea.
ISBN   978-89-460-6976-3 03910

* 책값은 겉표지에 표시되어 있습니다.